Carl Hager

Über die Zuckersteuer-Vorlage, ihre Begründung und erste Beratung im Reichstag

Mit einer Beilage: Zuckerstatistik des Deutschen Zollgebiets über die Betriebsjahre 1869-70 bis 1889-90

Carl Hager

Über die Zuckersteuer-Vorlage, ihre Begründung und erste Beratung im Reichstag

Mit einer Beilage: Zuckerstatistik des Deutschen Zollgebiets über die Betriebsjahre 1869-70 bis 1889-90

ISBN/EAN: 9783743611214

Hergestellt in Europa, USA, Kanada, Australien, Japan

Cover: Foto ©Suzi / pixelio.de

Manufactured and distributed by brebook publishing software (www.brebook.com)

Carl Hager

Über die Zuckersteuer-Vorlage, ihre Begründung und erste Beratung im Reichstag

Ueber die

Zuckersteuer - Vorlage,

ihre Begründung und erste Berathung im Reichstag.

Mit einer Beilage:

Zuckerstatistik des Deutschen Zollgebiets
über die 21 Betriebsjahre 1869-70 bis 1889-90.

Von

Carl Hager,
Redakteur der vorm. Herbertz'schen „Zuckerindustrie."

Die Nachricht, dass die Reichs-Regierung schon wieder eine Aenderung der Gesetzgebung über die Zuckersteuer beabsichtige, kam den mit den Verhältnissen der Industrie und der Zuckersteuer Vertrauten überraschend. Noch im August d. Js. hatten die offiziösen „Berliner Politischen Nachrichten" verbreitet, dass bei den im Schoosse der Regierungen gepflogenen Erörterungen über die Wirkung des bestehenden Zuckersteuergesetzes die Eventualität einer Aenderung desselben keine Stelle gefunden habe. In derselben Mittheilung hiess es, dass „das Bedürfniss zu einer Vermehrung der eigenen Einnahmen des Reichs nicht in dem Masse dringlich ist, um sich nicht die zur gründlichen Prüfung einer für den Nationalwohlstand so wichtigen Frage (Aenderung des Zuckersteuer-Systems) erforderliche Zeit zu gönnen", und damit in Einklang standen die über das Ergebniss von Konferenzen zwischen dem Reichsschatzsekretär und den Ministern süddeutscher Staaten über die finanziellen Bedürfnisse des Reiches durch die Presse gehenden Nachrichten, die übereinstimmend von einer Verständigung, den Reichstag mit Steuerfragen vorläufig nicht zu befassen, berichteten.

Der deutsche Zuckerfabrikant, gewohnt, die Besteuerung des Zuckers nur dann geändert zu sehen, wenn der Ertrag aus derselben hinter den Voranschlägen zurückblieb, meinte diesen und ähnlichen, in der Hauptsache übereinstimmenden Nachrichten Glauben schenken und sich in den neuen Verhältnissen, die das Gesetz vom 9. Juli 1887 geschaffen, für längere Zeit einrichten zu dürfen.

Zwei gewichtige Gründe unterstützten die Hoffnung, dass man von den schädlichen Beunruhigungen und Umwälzungen, welche die regelmässigen Begleiter von Modifikationen einer Produktionssteuer sind, für längere Zeit verschont bleiben werde, nämlich erstens der Umstand, dass das jetzige erst zu Beginn des Betriebsjahres 1888-89 in Kraft getretene Gesetz noch gar nicht zur vollen Wirkung gelangt war, indem noch während des letztverflossenen Betriebsjahres (1889-90) Zucker auf inländischem Lager gewesen, der unter dem früheren Gesetz produzirt war, auf den die Steuer also noch nach diesem Gesetz rückvergütet werden musste und zweitens, dass (trotzdem) der Ertrag der Zuckersteuer unter dem neuen Gesetz eine Höhe erstiegen hatte, die bisher in der deutschen Zuckerbesteuerung noch nicht erreicht worden war, sodass im Etat 1891-92 ein Mehr von über 11 Millionen Mark Zuckersteuer gegenüber dem vorjährigen Etat in Anschlag gebracht werden kann. Die Hoffnung erwies sich als trügerisch. Mit ungewohnter Schnelligkeit wurde im November ein Entwurf über Neuordnung der Zuckerbesteuerung vor den Bundesrath gebracht, von diesem schleunigst angenommen, und liegt bereits seit dem 24. November dem Reichstag vor. Der Entwurf will keine blosse Aenderung der Zuckerbesteuerung, sondern bezweckt eine gänzliche Umwälzung derselben, nachdem schon das Gesetz vom 9. Juli 1887 ein Reformgesetz gewesen, indem dieses zwei Systeme, die alte Materialbesteuerung und die Verbrauchsbesteuerung in sich vereinigte, während der jetzige Entwurf die erstere ganz verschwinden lässt und die reine Verbrauchssteuer und zwar von 1892-93 ab durchführen will.

Aus den obigen Zeitangaben erhellt, dass das Bedürfniss der Mehreinnahmen für die Reichskasse, auf welche es bei der Steuerreform abgesehen ist, sich erst in jüngster Zeit herausgestellt haben muss oder aber dass die Erzielung der Mehreinnahmen gar nicht den Hauptzweck des Entwurfes bildet.

Nun ist es Brauch im konstitutionellen Staate, dass die Regierung bei einem auf Staatseinnahmen berechneten Gesetze in den Motiven dazu den **Nachweis des Bedürfnisses dieser**

Einnahmen und ihrer Verwendung und somit die Rechtfertigung des Gesetzes erbringt und es ist ebenso Brauch, dass ein Finanzgesetz, für welches der Nachweis seiner finanziellen Nothwendigkeit nicht erbracht wurde, abgelehnt wird. Unter diesem Gesichtspunkte betrachtet, wäre der vorliegende Gesetzentwurf ohne Frage diesem Schicksal verfallen, denn der Nachweis des finanziellen Bedürfnisses, der in der Begründung (S. 27) allerdings versucht wird, ist als misslungen zu betrachten.

Es muss schon auffallen, dass sich in der ganzen, 37 Seiten starken Begründung nicht mehr als eine halbe Seite von dem finanziellen Bedürfniss sagen liess und dass hiervon noch nahezu die Hälfte ausgefüllt wird durch folgende merkwürdige Sätze:

„Obwohl das dringende Bedürfniss der Vermehrung der Reichseinnahmen voraussichtlich erst nach einigen Jahren eintreten wird (!!), empfiehlt es sich, die erforderliche Abänderung unserer Zuckersteuergesetzgebung nicht zu verschieben. Denn der Zuckerindustrie können die aus der jetzigen Steuereinrichtung ihr zufliessenden Vortheile nicht wohl plötzlich und unvermittelt entzogen werden, ihr ist vielmehr eine schonende Ueberleitung billigerweise nicht zu versagen. Das neue Zuckersteuergesetz kann daher nicht sofort Mehrerträge und kann die vollen Mehrerträge erst nach einigen Jahren liefern."

Die „schonende Ueberleitung", von der hier gesprochen wird, hat eine finanzielle Bedeutung insofern, als die Gewährung von Zuschüssen für auszuführenden Zucker i. e. die offenen Ausfuhrprämien, welche die Vorlage für die Zeit 1892-95 vorsieht, dem Reiche Ausgaben verursachen werden, die auf 7,3 Millionen Mark und bei stärkerer Ausfuhr auf 8,8 Millionen Mark pro Kampagne veranschlagt werden. Unter Abzug dieser Ausgabe und der Verwaltungskosten berechnen die Motive (S. 33) für die Uebergangszeit 1892-95 einen Reinertrag von 82,0 Mill. Mark und bei stärkerer Ausfuhr von 80,5 Millionen Mark pro Kampagne. Nun ist zu beachten, dass die jetzige Zuckersteuer (nach dem Gesetz vom 9. Juli 1887), wie die Begründung selbst nachweist, ca. 60 Millionen Mark in der Kampagne ergiebt. Demnach wäre für die ersten drei Kampagnen des neuen Gesetzes je ein Mehrertrag von ca. 22 resp. 20,5 Millionen Mark gewonnen, während in den oben wiedergegebenen Sätzen der Begründung, welche die finanzielle Nothwendigkeit des neuen Gesetzes erweisen sollen, ausdrücklich gesagt wird, dass Mehrerträge zunächst nicht resultiren werden. Aus diesem immerhin merkwürdigen Versehen geht wohl zur Genüge hervor, dass diese Summen von 22 resp. 20,5 Millionen Mark pro Betriebsjahr für die Reichsfinanzen gar nicht nöthig sind, dass man auf sie gar nicht rechnet und dass sie ohne dringendes Bedürfniss gewonnen würden; kommen doch diesem Schluss die Motive selbst zu Hülfe, indem sie ausdrücklich erklären, dass „das dringende Bedürfniss der Vermehrung der Reichseinnahmen voraussichtlich erst nach einigen Jahren eintreten wird."

Für die Mehrerträge, die das Gesetz überhaupt liefern würde und die nach der Uebergangsperiode auf 35 Millionen Mark im Betriebsjahre veranschlagt sind, wird überhaupt nur eine einzige Verwendung namhaft gemacht: Die Invaliditäts- und Altersversicherung, die 1891 in Kraft treten wird. Dieselbe wird aber nur erfordern: 1891-92 6 Millionen Mark (nach dem Etat für 1891-92), 1892-93 9 und 1893-94 13 Millionen Mark (nach den Erklärungen des Herrn Schatzsekretärs im Reichstage). Diese Summen — nur auf die beiden letzten kommt es an; denn das Zuckersteuergesetz soll ja erst 1892 in Kraft treten — stehen jedoch in keinem Verhältniss zu den oben verzeichneten Mehrerträgen und die schon erwähnte Nichtbeachtung dieser Mehrerträge weist darauf hin, dass man die Ausgaben zur Invaliditätsversicherung auch ohne neue Zuckersteuer decken zu können glaubt.

Die Motive haben aber noch einen Grund für die Vermehrung der Reichseinnahmen anzuführen; sie sagen:

„Die Ausgaben des Reichs haben sich in den letzten Jahren in hohem Grade vermehrt. Während noch im Etatsjahr 1889-90 den etatsmässigen Ueberweisungen an die Bundesstaaten in Höhe von 281 440 000 Mk. nur 228 132 691 Mk. Matrikularbeiträge gegenüberstanden, betragen nach dem Entwurfe des Reichshaushalts-Etats für das Jahr 1891-92 die Matrikularbeiträge 322 623 505 Mk. gegenüber einem veranschlagten Ueberweisungsbetrage von 331 353 000 Mk." m. a. W. die Bundesstaaten sollen 8,7 Millionen Mark vom Reiche etatsmässig herausbekommen.

Nun hat diese Darstellung eine bemerkenswerthe Ergänzung in der Rede erhalten, die der Herr Staatssekretär des Reichsschatzamtes in der Reichstags-Sitzung vom 9. Dezember d. Js. zur Einleitung der ersten Lesung des Etats für 1891-92 gehalten hat. Nachdem er des sehr günstigen Finanzergebnisses des Jahres 1889-90 gedacht, stellte er von dem Jahr 1890-91 in Aussicht, dass sich für das Reich selbst ein Ueberschuss von 10 Millionen und für die Einzelstaaten ein Mehr an Ueberweisungen nach Abzug der Matrikularbeiträge von 66—68 Mill. ergeben werde. Der Etat 1891-92 nun setze eine Mehrausgabe von 56—57 Millionen Mark fest und „der Gesammtetat fordert 322 623 505 Mark, denen an Ueberweisungen an die Einzelstaaten 331 353 000 Mark gegenüberstehen". Dann fuhr der Herr Schatzsekretär fort: „Den Bundesstaaten verbleiben also netto 8,7 Millionen Mark, d. h. das Reich deckt nicht nur seine Bedürfnisse aus seinen eigenen Einnahmen, sondern es kann auch noch einen kleinen Betrag an die Einzelstaaten herauszahlen." Der Herr Staatssekretär des Reichsschatzamts hat also offenbar eine ganz andere Meinung von der Bedeutung dieser 8,7 Millionen Mark Ueberschüsse, die den Verfassern der Begründung zum Zuckersteuer-Gesetzentwurf gelegen kommen, um die schwierige Finanzlage des Reiches zu erweisen, was um so auffallender erscheint, als man doch annehmen muss, dass die Verfasser der Zuckersteuer-Vorlage dem Reichsamte, an dessen Spitze Herr v. Maltzahn steht, ebenfalls nicht ferne stehen.

Im Weiteren bewegten sich die Ausführungen des Schatzsekretärs nach demselben Punkt hin wie die Begründung zum Zuckergesetz, nämlich nach der Invaliditätsversicherung. Andere

Mehrbedürfnisse hat auch der Herr Schatzsekretär nicht namhaft zu machen gewusst, auch nicht bei der ersten Lesung des Zuckersteuergesetzes am 12. d. M. Dass aber die Ausgaben für die Invalidenversicherung gering sein werden und zu den aus dem geplanten Zuckersteuergesetz sich ergebenden Mehrerträgen in keinem Verhältniss stehen, ist oben bereits nachgewiesen. Ausserdem ist zu bemerken, dass in der Sitzung vom 9. ds. der Reichskanzler die Erklärung abgab, neue Ausgaben für die Armee stünden nicht bevor. Die Motive zu dem Gesetzentwurf ebenso wie die Reden des Herrn v. Maltzahn haben also nur erwiesen, dass ein finanzielles Bedürfniss zur Neuregelung der Zuckersteuer vorläufig nicht vorliegt, dass also das Gesetz von 1887 den vorhandenen und voraussichtlichen Bedürfnissen vollauf Befriedigung gewähren wird, und man wird, wenn die Reichsfinanzverwaltung nicht noch nachträglich stichhaltige Gründe zur Vermehrung der Einnahmen beibringt, ihr den Vorwurf nicht ersparen können, dass sie, wie man es richtig genannt hat, „neue Steuern auf Vorrath" einführen will.

Die Invaliditätsversicherung aber, der Hauptstützpunkt der finanziellen Rechtfertigung der Zuckersteuerreform, ist als ein die Finanzen des Reiches in Anspruch nehmendes Unternehmen den verbündeten Regierungen lange vor dem August d. J. bekannt gewesen, nach welchem Zeitpunkt man, wie eingangs angedeutet, erst die Absicht gefasst haben kann, eine Neuregelung der Zuckersteuer ins Werk zu setzen, was uns in der Meinung bestärkt, dass es bei dieser nun geplanten Neuregelung gar nicht eigentlich auf die finanzielle Wirkung der Reform abgesehen ist und dass die Ausgabe für die Invalidenversicherung, da wir nun einmal gewohnt sind, Zuckersteuer-Aenderungen finanziell begründet zu sehen, nur den Vorwand abgeben muss, um die eigentlichen Zwecke der Steuerreform zu verschleiern. Das Steuerprojekt der verbündeten Regierungen bedeutet unseres Erachtens in erster Linie die Aufhebung der der deutschen

Zuckerindustrie aus dem jetzigen Steuersystem zufliessenden Steuervortheile, der Prämien, die man bisher als Schutz für ihre Stellung auf dem Weltmarkt für unentbehrlich hielt, damit aber die Abkehr von der bisher verfolgten Wirthschaftspolitik und soll vielleicht als erster Gehversuch auf neuem Wege eine allgemeine, über das Gebiet des Zuckers weit hinausragende Bedeutung gewinnen. Es handelt sich vor allem um die Systemänderung der Zuckerbesteuerung.

Von 1841 bis zum 1. August 1888 hatten wir in Deutschland als System der Zuckersteuer die Erhebung der Steuer vom Rohmaterial, der Rübe; durch das zu dem genannten Zeitpunkt in Kraft tretende Reformgesetz vom 9. Juli 1887 ein kombinirtes System: Materialsteuer und daneben eine Abgabe von dem in den freien Verkehr tretenden Zucker (Verbrauchsabgabe); vom 1. August 1892 ab soll die reine Verbrauchssteuer durchgeführt werden. Die Beseitigung der Materialsteuer und zwar weil sie für die Industrie angeblich zu grosse Vortheile mit sich bringt, scheint den Hauptzweck des vorliegenden Gesetzentwurfes zu bilden.

Um jedem Missverständniss über das Wesen der Materialsteuer und der aus ihr resultirenden Prämien vorzubeugen, müssen wir selbst auf die Gefahr hin, längst Bekanntes zu wiederholen, dieses System mit einigen Worten näher erläutern.

Den Zucker in der Form des Urmaterials, in den Rüben zu besteuern, bietet nach keiner Seite hin Schwierigkeiten, so lange das daraus hergestellte Material im Inlande verzehrt wird und die Steuer auf das Material endgültig der Staatskasse anheimfällt. Anders aber wird die Sachlage, sobald ein Centner Zucker über die Grenze gebracht wird und dem Staate die Verpflichtung erwächst, die hierfür im Inlande gezahlte Steuersumme dem Produzenten zurückzuerstatten, weil das Erzeugniss nicht im Inlande verbraucht wird und der Staat nur ein Recht hat, den einheimischen Verzehr mit Abgaben zu belasten. Man ist dann gezwungen, zu ermitteln, wie viele Centner Rüben zur Herstellung eines Centners Zucker erforderlich sind, um den Steuerbetrag auf die verbrauchte Rübenmenge zurückzugeben. Der Zuckergehalt der Rübe ist aber bekanntlich nach

Jahren wechselnd und nach Gegenden verschieden und da die Gesetzgebung sich nicht nach jeder Ernte ändern und nicht für verschiedene Gegenden verschieden sein kann, ist es nothwendig, ein mittleres Verhältniss des Ausbringens an Zucker aus der Rübe, welches annähernd den für die gesammte deutsche Zuckererzeugung gültigen Durchschnitt trifft, festzustellen und danach die Ausfuhrrückvergütung zu bemessen. Es liegt nun auf der Hand, dass dieser Vergütungssatz so bemessen werden muss, dass man auch in geringeren Jahren und vor Allem, dass auch eine Gegend, die im Vergleich zu anderen viele Rüben zur Herstellung ihres Zuckers nöthig hat, m. a. W. eine Gegend mit zuckerarmen Rüben, keinen Schaden leidet und nicht etwa weniger an Steuer auf exportirten Zucker zurückerhält, als sie an Steuer für verbrauchte Rüben bezahlt hat. Es liegt aber auch auf der Hand, dass Fabriken, die zuckerreiche Rüben verarbeiten, die weniger Rüben zur Herstellung eines Centners Zucker bedürfen, als der vom Gesetz festgesetzte Durchschnitt annimmt, mehr an Steuer beim Zuckerexport zurückbekommen, als sie vorher auf Rüben entrichtet. Nimmt also beispielsweise das Gesetz an, dass 10 Centner Rüben zu 1 Centner Zucker gehören und giebt bei der Ausfuhr von 1 Centner Zucker die Steuer auf 10 Centner Rüben zurück, hat aber die ausführende Fabrik nur 9 Centner Rüben nöthig gehabt, so ist die Steuer auf 1 Centner Rüben Gewinn der Fabrik, die sogenannte Ausfuhrprämie. Das Gesetz von 1887 nun nimmt an, dass zu 1 Mctr. Zucker 10,625 Mctr. Rüben (die Begründung sagt S. 24 irrthümlich 10,63) erforderlich sind und vergütet, da die Materialsteuer für 1 Mctr. Rüben 80 Pfg. beträgt, bei der Ausfuhr Mk. 8,50 für 1 Mctr. Rohzucker; für die raffinirten Zucker ihrem höheren Zuckerwerth entsprechend mehr, nämlich Mk. 10,65 für raffinirten Zucker I. Klasse und Mk. 10 für II. Klasse. Ein Theil der Zuckerfabriken, diejenigen in minder bevorzugten Gegenden, braucht in guten Rübenjahren wie 1889 und 1888, nahezu soviel Rüben, als das Gesetz zu Grunde gelegt hat, in schlechteren Jahren mehr, so dass nur ein geringer bezw. kein Steuergewinn (Prämie), unter Umständen sogar ein Verlust für den Fabrikanten verbleibt. Die Fabriken in guten Rübengegenden kommen nur in Jahren mit ungünstiger Rübenqualität an den gesetzlichen Bedarf heran, erzielen also meist einen Gewinn an Rübensteuer.

Die Steuergewinne nun, welche der deutschen Zuckerindustrie durchschnittlich pro Metercentner Zucker und insgesammt aus diesem Steuersystem in den beiden letzten Betriebsjahren, seitdem also das Reformgesetz vom 9. Juli 1887 in Kraft ist, zugeflossen sind, werden in der Begründung zum neuen Gesetzentwurf (S. 24 fg.) umständlich vorgerechnet. Doch bevor wir hier auf diese Berechnungen eingehen, erlauben wir uns, die von den Motiven nachgewiesenen Zahlen über den finanziellen Ertrag der beiden letzten Kampagnen zu berichtigen. Wenn man die amtliche Schlussziffer über den Reinertrag der Verbrauchsabgabe aus der Kampagne 1888-89 nach der Reichsstatistik (Novemberheft 1889) in Ansatz bringt und wenn man bei den Rückvergütungen an Materialsteuer für die noch unter dem Gesetz vom 1. Juni 1886 produzirten und erst während der Kampagne 1888-89 zum Export gelangten Zuckermengen der Wirklichkeit entsprechend die alten, höheren Vergütungssätze berechnet und nicht, wie die Motive es thun, die neuen, niedrigeren, so ergiebt sich nach Abzug von 4 pCt. Verwaltungskosten von dem Bruttoertrag der gesammten Steuer, und Einrechnung der in der Begründung unerklärlicherweise nicht berücksichtigten Eingangszölle für die Kampagne 1888-89 ein Gesammtreinertrag von Mk. 38 726 993, nicht Mk. 47 298 681, wie in den Motiven berechnet; und auf gleiche Weise für die Kampagne 1889-90 ein Gesammtreinertrag von Mk. 61 892 123, nicht Mk. 60 369 848, wie in den Motiven (S. 23 und 24).

Um die finanzielle Bewährung des Reformgesetzes vom 9. Juli 1887 zu kennzeichnen, seien im Folgenden die Zuckersteuerreinerträge aus den 20 letzten Kampagnen aufgeführt, wobei bezüglich der Kampagne 1888-89, der ersten unter diesem Gesetz verlaufenen, zu bemerken ist, dass damals noch sehr erhebliche Mengen noch die früheren, höheren Rückvergütungen erhalten haben:

1870-71	Mk.	39 425 942	1880-81	Mk.	42 866 232
1871-72	-	44 694 145	1881-82	-	37 822 944
1872-73	-	52 663 517	1882-83	-	46 046 005
1873-74	-	58 246 984	1883-84	-	29 443 721
1874-75	-	47 780 598	1884-85	-	37 970 895
1875-76	-	58 331 003	1885-86	-	18 363 515
1876-77	-	46 555 841	1886-87	-	14 732 948
1877-78	-	46 799 581	1887-88	-	23 125 544
1878-79	-	46 843 888	1888-89	-	38 726 993
1879-80	-	49 749 947	1889-90	-	61 892 123

Erwartet aber hat die Reichsregierung, als sie den ersten Entwurf des jetzigen Steuergesetzes vor den Reichstag brachte, (bei einem Ausbeuteverhältniss von 8 : 1, wie in der letzten Kampagne) 52 000 000 Mk. Speciell die Materialsteuer war nach dem Entwurf, dem schliesslich die Regierung ihre Zustimmung gab, auf 10 000 000 Mk. Reinertrag zu berechnen, hat aber im letzten Betriebsjahr 12 713 292 Mk. ergeben.

Die Steuergewinne nun, welche in den beiden letzten Betriebsjahren den Zuckerfabrikanten zugeflossen sind, berechnen sich wie folgt:

a) 1888-89: Verarbeitet wurden 78 961 830 Mctr. Rüben; daraus gewonnen 9 788 203 Mctr. Rohzucker; demnach waren 8,06 Mctr. Rüben durchschnittlich zur Herstellung von 1 Mctr. Rohzucker erforderlich.

b) 1889-90: Verarbeitet wurden 98 250 394 Mctr. Rüben; daraus gewonnen 12 351 780 Mctr. Rohzucker; demnach waren 7,95 Mctr. Rüben durchschnittlich zur Herstellung von 1 Mctr. Rohzucker erforderlich.

Für 1 Mctr. Zucker wurden also durchschnittlich bezahlt an Materialsteuer, da dieselbe Mk. 0,80 pro Mctr. Rüben beträgt.

$$a)\ 8{,}06 \times 0{,}80 = \text{Mk. } 6{,}44$$
$$b)\ 7{,}95 \times 0{,}80 = \text{Mk. } 6{,}36$$

Rückvergütet wurden bei der Ausfuhr auf 1 Mctr. Rohzucker Mk. 8,50; demnach hatte der Rohzuckerfabrikant im Durchschnitt pro Mctr. eine Prämie von

a) $8,50 - 6,44 =$ Mk. 2,06
b) $8,50 - 6,36 =$ Mk. 2,14

Die Begründung (S. 24) jedoch nennt als im Gesetz zu Grunde gelegten Rübenverbrauch 10,63 (statt 10,625) Mctr.: als Durchschnittsverbrauch zu a) 7,97 (statt 8,06), zu b) 7,79 (statt 7,95) Mctr. Rüben und kommt so zu einer Prämie von Mk. 2,12 resp. Mk. 2,27.

Eine besondere Prämie geniessen die Raffineure, indem das Gesetz, wie es absichtlich den zur Herstellung eines Metercentners Zucker erforderlichen Rübenverbrauch, um Nachtheile der zuckerarmen Rübengegenden zu vermeiden, über Durchschnitt festsetzt, auch für die Raffination des Rohzuckers ein Rendement zu Grunde legt, das auch den besten Produkten gerecht wird und zwar so, dass 125,29 kg Rohzucker zur Herstellung von 1 Mctr. bester Raffinade und 117,65 kg Rohzucker zur Herstellung von 1 Mctr. geringerer Raffinade als erforderlich betrachtet werden. Dementsprechend werden bei der Ausfuhr von raffinirtem Zucker Mk. 10,65 bezw. Mk. 10,00 pro Metercentner Zucker rückvergütet.

Um nun den Prämiengewinn der Raffination und den Gesammtsteuergewinn der Industrie in den beiden Kampagnen zu berechnen, beschreitet die Begründung Wege, auf die man ihr bei gewissenhafter Prüfung kaum folgen wird. Es wird angenommen, dass zur Gewinnung von 1 Mctr. selbst der besten Raffinaden nicht mehr als 111,11 kg Rohzucker erforderlich seien (100 Rohzucker $=$ 90 Raffinade). Dies mag als Nothbehelf für die Zwecke der Statistik, bei der Umrechnung von Raffinade auf Rohzucker, hingehen, dem praktischen Raffineur aber wird ein solches Rendement als gültiger Durchschnitt einiges Kopfschütteln verursachen. Im Verhältniss zu den Rückvergütungssätzen Mk. 10,65 und Mk. 10,00 wird nun eine Prämie pro Metercentner von 3,57 bezw. 2,92 in 1888-89 und 3,73 bezw. 3,08 Mk. in 1889-90 berechnet. Dass diese

Resultate auf ganz willkürlicher und haltloser Grundlage gewonnen sind, muss jedem mit den Produktionsverhältnissen der Raffinerien Bekannten klar sein.

Nun werden aber in den Motiven, um die gesammte Prämie, die der Fiskus der Industrie gewährt hat, zu berechnen, die pro Metercentner ermittelten Prämien, die doch aus den am 1. August 1888 eingeführten Vergütungssätzen hervorgehen und nur auf solchen Zucker gewonnen werden konnten, der nach diesem Zeitpunkt erzeugt wurde, mit je der gesammten Ausfuhr der beiden Kampagnen in den drei Vergütungsklassen multiplizirt, während doch noch 1889-90 ein Theil, 1888-89 aber ein sehr erheblicher Theil der Zuckerausfuhr nach dem früheren Gesetz vom 1. Juni 1887 bonifizirt werden musste, nach den Sätzen 17.25 bezw. 21,50 bezw. 20,15 Mk., Sätzen, die auf ganz andere Annahmen von Ausbringen an Zucker sich gründen und die mit dem Gesetze vom 9. Juli 1887, folglich mit der Prämie in den unter diesem Gesetze verflossenen beiden Kampagnen nichts zu thun haben.

(So sind in 1888-89 32 527 350 Mctr. Rohzucker und 16 395 218 bezw. 2 090 339 Mctr. Raffinaden noch nach dem alten Gesetz bonifizirt worden.)

Die Summen von 15 060 610 Mk. und 19 549 280 Mk., welche die Motive (S. 25) als die von der Reichskasse in den Kampagnen 1888-89 und 1889-90 gezahlten Gewinnbeträge hinstellen, geben darum ein falsches Bild und es dürfte ihnen wohl nur sehr zweifelhafter Werth beizumessen sein. Die in diesen beiden Jahren erzielten Gewinne richtig zu ermitteln, wäre es nicht zu umgehen, die an den alten Rübensteuer- und Vergütungssätzen erzielten Gewinne getrennt zu berechnen, wodurch aber wiederum ein falsches Bild insofern entstehen würde, als es sich doch darum handelt, die bei der unter das Gesetz vom 9. Juli 1887 fallenden Produktion der beiden Jahre gewonnenen Vortheile deutlich zu machen. Denn wir haben die ganze Prämienaufstellung in der Begründung so verstanden, dass damit dieses Gesetz als mangelhaft erwiesen werden soll.

So zeigt sich auch bei diesem Punkt, dass ein Urtheil über
das letzte Zuckersteuergesetz aus den letzten beiden Kampagnen
überhaupt noch nicht gezogen werden kann, dass vielmehr erst
nach Ablauf der gegenwärtigen seine Wirkungen ermessen
werden können.

Die Motive begnügen sich aber nicht, den Gewinn aufzustellen, den die Industrie der Reichskasse verdankt, sondern
suchen noch eine weitere Prämie daraus zu ermitteln, „dass
ein Theil der von den deutschen Konsumenten in dem Inlandspreise des Zuckers voll getragenen Steuer in Folge der günstigen
Ausbeuteverhältnisse der Reichskasse entzogen und der Zuckerindustrie zugeführt wird", berechnen dann den Steuerertrag, der
sich ergeben würde, wenn die 10,65 bezw. 10,00 Mk. (die
Rückvergütungssätze), durch die der Konsum belastet ist, in
eine Verbrauchssteuer umgewandelt würden und nennen die
Differenz zwischen diesem Ertrag und dem heutigen (Materialsteuer plus Verbrauchsabgabe) die Gesammtprämie der Zuckerindustrie.

Dass der Konsument mit der ganzen Rückvergütung belastet wird und infolgedessen zur Prämie des Fabrikanten
beiträgt, haben wir nie in Zweifel gezogen. Dass diese Erscheinung aber die nothwendige Folge des Export-Bonifikationssystems ist und dass mit der Vorrechnung der eigentlichen Export-Gewinne, die der Fiskus bezahlt, das Thema
von den Prämien erschöpft ist, hätte auch den Verfassern
der Begründung nicht entgehen dürfen. Hatte das Gesetz
Export-Vergütungen und zwar, wie es 1887 ausdrücklich
geschehen, in einer Prämien lassenden Höhe, festgesetzt,
dann war es unvermeidlich und unausbleiblich, dass sich
diese Prämie auch auf den inländischen Verbrauch erstreckte
und es zeugt das Streben, das Materialsteuersystem mit seinen Vergütungen gerade für den Konsumenten als gefährlich hinzustellen
— in Wahrheit ist es das Gegentheil für ihn — von einem deutlichen
Misswollen gegen die Zuckerindustrie, das freilich an mehreren
Stellen der Motive begegnet, das aber im Interesse der Industrie
tief bedauerlich ist. Als Prämie der Rohzuckerfabrikanten

wird es Niemandem gelingen, etwas Anderes nachzuweisen als die Ueberschüsse, die er gegenüber der im Gesetze zu Grunde gelegten Ausbeute aus seinen Rüben mit Hilfe guter Pflanzenqualität, mit Hilfe guten Wetters und rationeller Entzuckerung erzielt und als Prämie des Raffineuers die Ueberschüsse, die er durch vollendete Technik gegenüber den im Gesetze angenommenen Rendement bei der Ausfuhr gewinnt. Sie entspringen aus der Höhe der Vergütungssätze, können als die „Prämie" bezeichnet und vom Fiskus als durch seine Gunst gewährt, angesprochen werden. Was man aber als Mindererfolg des Materialsteuersystems gegenüber einem anderen herausrechnen mag, entspringt aus dem System an sich und ist dessen unvermeidliche Folge.

Aber noch besser als die Begründung versteht sich der Abgeordnete Herr Dr. Witte auf arithmetische Kunststücke. Er berechnete in der Reichstagssitzung vom 12. d. M. bei Gelegenheit der ersten Lesung der Zuckersteuervorlage sogar Mk. 36 382 746 als Prämiengewinn der deutschen Zuckerindustrie im Betriebsjahr 1889-90. Will man nun richtig ermitteln, was der Zuckerindustrie an Steuervortheilen insgesammt in der letzten Kampagne zugeflossen ist, so wird man von der Erwägung ausgehen müssen, dass die Reichskasse unter Verzicht auf jegliche Steuer auf den Ausfuhrzucker die Materialsteuer auf diejenige Zuckermenge festhalten will, die dem einheimischen Verbrauche dient, also auf dieselbe Menge, die sie zur Verbrauchsabgabe heranzieht. Dem Ist-Ertrag an Verbrauchsabgabe aus 1889-90 entspricht eine Menge raffinirten Zuckers von 4 411 267 Mctr., auf Rohzucker reduzirt (100 : 90) 4 901 396 Mctr., zu deren Herstellung, den Durchschnittsbedarf der 1889-90er Kampagne von 7,95 Mctr. zu Grunde gelegt, eine Rübenmenge von 38 966 098 Mctr. erforderlich war. Diese Rübenmenge war zu versteuern mit (Mk. 0,80 pro Mctr. =) Mk. 31 172 878. Da die Reichskasse jedoch nur Mk. 12 713 292 nach Abzug der Ausfuhrvergütungen an Rübensteuer vereinnahmt hat, resultirt eine Prämie von Mk. 18 459 586. NB! in diesen 18,4 Mill. ist die Prämie der Raffineure mitenthalten. Dieselbe getrennt zu berechnen, wird bei der Verschiedenheit der Herstellungsbedingungen des raffinirten Zuckers überhaupt nur auf indirektem Wege gelingen. Da sich durch Multiplikation der oben ermittelten Einzelprämien des Rohzuckerfabrikanten mit der Gesammtausfuhr in Rohzuckerwerth (2,14 > 7,4) eine Gesammtprämie der Rohzuckerindustrie von 15,8 Mill. ergiebt, wird die gesammte Raffinationsprämie sich wohl kaum höher belaufen haben können als auf (18,3—15,8 =) 2,6 Mill. Mark.

Was die Industrie auf die für den inländischen Verbrauch gelieferten Zuckermengen dadurch gewonnen hat, dass der inländische Käufer die Exportvergütung mitbezahlt, geht ihr jedoch wieder verloren durch die in Folge der Prämienkonkurrenz eintretende Verbilligung des Weltmarktspreises und in Folge eben dieser Verbilligung, an der auch die deutschen Preise theilnehmen, wird der Betrag der Prämie von dem deutschen Käufer nur scheinbar, nicht thatsächlich bezahlt.

Als Ausgabe der Reichskasse für die Zuckerproduktion kann weiter nichts bestehen als jene 18,4 Mill. Mk. Da diese Zuwendung aber nichts geringeres bedeutet als eine Befruchtung der gesammten Wirthschaft in den Rüben bauenden Landestheilen und darüber hinaus, als einen Hebel der Steuerkraft und des Gesammtwohlstandes und sie daher auf die Einkünfte des Reiches sogar förderlich statt reduzirend wirkt, können auch jene 18,4 Mill. nicht ohne Weiteres und nur mit Vorbehalt als wirklicher Verlust der Staatskasse betrachtet werden.

Vergessen hat man bei der Darstellung der Prämien, wie wir schon angedeutet, dass sie bei der Schaffung des Gesetzes von 1887 ausdrücklich und in wohlerwogener Absicht gewährt worden sind. Vergessen hat man auch, dass man den Fabrikanten, wenn man ihm die Vortheile, die er speziell in den beiden letzten Betriebsjahren genossen, vorwirft, eigentlich verantwortlich macht für den Segen Gottes, der zwei gute und reichliche Ernten gespendet hat und dass, wenn zwei günstige Erntejahre aufeinanderfolgen, damit noch keine Gewähr für die Fortdauer dieses für Landwirthschaft und Industrie gesegneten, für den Staatsschatz allerdings minder günstigen Zustandes gegeben ist.

Vor allem aber wäre es folgerichtig gewesen, wenn man die Höhe der Konsumbelastung durch die gegenwärtige Steuer beklagt, nicht dieselbe Höhe wieder für die neue Steuer zum Ausgang zu nehmen, sondern den Verbraucher zu entlasten, statt mit der gleichen Höhe sowohl diesem wie dem Produzenten und zwar jedem in mehrfacher Hinsicht Schaden zuzufügen, worauf wir noch zurückkommen werden.

Die grossen Zuwendungen nun, welche der Zuckerindusrie durch das Steuersystem geworden sind, hatten — so geht der Gedankengang der Motive weiter — die ungesunde Wirkung, dass erstens die Zuckerindustrie sich zur **Gross- und Exportindustrie** entwickelte und zweitens, dass der **Konsument den Zucker theuer bezahlen muss.** (S. 27 und 28.)

Die Stelle der Motive, wo das kräftige Emporblühen der Industrie beklagt wird, hat ein gewisses Aufsehen erregt. Wir müssen gestehen, dass es uns nicht klar geworden ist, was die Verfasser der Begründung unter „Grossindustrie" verstehen. Sollte es das sein, was man gemeinhin darunter meint, so würde sich eine sehr oberflächliche Kenntniss von der heutigen Verfassung der Zuckerindustrie verrathen. Denn gerade das Grosskapital, das doch nach herkömmlichen Begriffen zur „Grossindustrie" gehört, ist glücklicherweise von den Unternehmungen der Zuckerindustrie bislang ferngehalten worden. Der Grundbesitz und hervorragend der mittlere und kleinere Grundbesitz ist es, der heute den Rübenbau treibt und die weitaus grösste Zahl der Zuckerfabriken unterhält. Und gerade darin unterscheidet sich die moderne Zuckerindustrie von der früheren; denn in den Anfangsstadien der Zuckerindustrie waren es die grossen Unternehmer, welche Fabriken anlegten; heute sind sie Besitz der Landwirthschaft, in die ihre Gewinne fliessen, und sich dort verzweigen und zur Schaffung neuer Werthe verwendet, statt von der Börse aufgenommen zu werden. Beklagte man es, dass die Zuckerindustrie den Gesundungsgang von einer „Grossindustrie" zu ihrer jetzigen Verfassung durchgemacht, dann hat man allerdings das Richtige getroffen, eine aussichtsvolle Zurückentwicklung anzubahnen, indem man der Landwirthschaft durch Wegnahme der Ausfuhrprämie den Rübenbau erschwert und entzieht, und man könnte den Urhebern des neuen wirthschaftspolitischen Programms die Anerkennung nicht vorenthalten, dass sie vor den Konsequenzen desselben nicht zurückschrecken.

Man beschwert sich aber gerade darüber, dass man es jetzt mit einer „Grossindustrie" zu thun hat, was darauf schliessen lässt, dass man in unklarer Vermischung von zwei verschiedenen Begriffen nur das Eine rügen will, dass die Zuckerindustrie eine grosse, ausgebreitete Industrie geworden ist. Dann aber fragt man sich erstaunt: Woher das Misswollen gegen die grossen Industrien? Denn es liegt doch näher, die grossen Industrien als Ernährer eines grossen Theiles der Bevölkerung, als einen Gewinn für das Land zu betrachten und zu begünstigen, statt zu hemmen. Die Zuckerfabriken beschäftigten allein in Preussen nach der Statistik des Reichs-Versicherungsamtes im Jahre 1887: 83 015 Arbeiter, in Deutschland 107 000 Arbeiter. Sie beziehen in der kurzen Zeit der Kampagne über 40 Millionen Mark an Lohn. Nach ihrer Arbeiterzahl nimmt die Zuckerfabrikation in Preussen die achte, in Braunschweig die zweite, in Anhalt sogar die erste Stelle ein. Und rechnet man noch die landwirthschaftlichen Arbeiter hinzu, die der Zuckerindustrie vorarbeiten, so wird die soziale Bedeutung derselben noch gewichtiger. Und eine grosse Industrie erhält hinter sich eine Reihe von anderen Industrien, so die Zuckerindustrie in der Provinz Sachsen, in Anhalt und Braunschweig, den Braunkohlenbergbau und zu einem guten Theil die Produktion künstlicher Düngemittel, sowie die Maschinenfabrikation.

Noch unverständlicher ist die Eingenommenheit gegen die Zuckerindustrie als Exportgewerbe. Denn es sind doch gerade die für die Ausfuhr arbeitenden Gewerbe, welche das Verkehrsgeschäft am meisten befruchten, die den Eisenbahnen und der Schifffahrt Nahrung zuführen und speziell der Zucker ist für die Seeschifffahrt, sowie für die Elbe- und Oderschifffahrt nach

Hamburg und Stettin längst ein Posten geworden, mit dem sie rechnet, auf den sie sich eingerichtet und ausgedehnt hat und dessen sie in ihrem heutigen Bestande nicht entrathen kann. Wenn man die Industrien nicht haben will, die für den Export arbeiten, warum unterhält man theure Konsularämter im Auslande, die den Interessen des deutschen Ausfuhrgeschäftes dienen sollen, warum unterstützt man mit grossen Mitteln Dampferlinien, warum richtet man Ausnahmetarife nach den Seehäfen ein, warum stellt man besondere Exporttarife für Eisenbahn- und Seefracht her und gerade solche für Zucker, wie man sie im Juni d. Js. für die deutsche Zuckerausfuhr nach Südosteuropa und der Levante geschaffen hat? Wer das Eine will, muss auch mit dem Andern zufrieden sein und darum ist es nicht recht begreiflich, warum dieselbe Regierung, die solche förderliche Anstalten trifft, ein Unbehagen kundgiebt, wenn eine Industrie sich anschickt, von diesen Anstalten Gebrauch zu machen. Aber das Räthsel ist bald gelöst. In der Verlegenheit um Gründe, die ihr Steuerprojekt rechtfertigen sollen, verfällt die Regierung, wie sie jetzt wahrscheinlich zu ihrem eigenen Missvergnügen bemerkt, auf solche, die sie mit unserer bisherigen wirthschaftlichen Politik in Widerspruch setzen.

Um das Materialsteuersystem zu verdächtigen, sagt man, es habe zur **Ueberproduktion** geführt. Zum Beweis dessen führt die Begründung auf, wie viele Zuckerfabriken seit 1887-88 neu entstanden sind und giebt eine Vermehrung von 9 Fabriken bis 1889-90 an, vergisst aber hinzuzusetzen, dass wir schon im Jahre 1884-85 8 Fabriken mehr hatten als in der letztverflossenen Kampagne (nämlich 408 gegen 400). Eingehender noch hat sich bei der ersten Lesung des Gesetzentwurfs im Reichstag, am 12. d. M. der Herr Staatssekretär des Reichsschatzamtes über die Ueberproduktion in der Zuckerindustrie verbreitet und hat herausgerechnet, dass die seit 1889-90 entstandenen und entstehenden Fabriken so viel produziren werden als $^1/_{10}$ des ganzen inländischen Konsums beträgt. Das sieht freilich recht gefährlich aus; sieht man aber genauer zu, so hat bei dieser Berechnung die Kunst ein wenig mitgewirkt. Die 15 neuen Fabriken, mit denen der Herr Staatssekretär rechnet, bedeuten nähmlich die Zunahme in drei Kampagnen, von denen nur die erste bereits abgeschlossen ist. Wähend eines Zeitraums von 3 Jahren vermehrt sich jedoch nicht allein die Bevölkerung, sondern auch, wie es bisher mit wenigen Unterbrechungen der Fall gewesen, der Konsum pro Kopf. Zunächst also schrumpfen die 450 000 Metercentner Mehrproduktion des Herrn v. Maltzahn auf 150 000 Metercentner pro Jahr zusammen und es bedarf dann, um sie zu verzehren nur eines Mehrverbrauchs pro Kopf von $1/3$ kg, ganz abgesehen von der Zunahme der Bevölkerung. Bringt man auch diese in Anschlag, so wird die Berechnung des Herrn Staatssekretärs nahezu vollständig ins Wasser fallen.

Hätte der Herr Staatssekretär vor seiner Rede die Statistik des Verbrauches im laufenden Jahre angesehen und hätte er vielleicht schon die Novemberstatistik mit beachtet, die ihm am 12. Dezember gewiss schon erreichbar war, dann hätten wir in seiner Rede den Passus über die Ueberproduktion sicherlich nicht vernommen. Der Ertrag der Verbrauchsabgabe nämlich, aus dem sich am zuverlässigsten der Konsum feststellen lässt, ergab für die ersten vier Monate (August-November) der laufenden Kampagne Mk. 18 744 530 gegen Mk. 16 575 099 in demselben Zeitraum der Vorkampagne. Dies entspricht einem Konsum, auf Rohzucker reduzirt, von 1 735 643 gegen 1 534 728 Mctr.; der Konsum August-November 1890 ist also dem Konsum August-November 1889 um 200 925 Mctr. überlegen, das will sagen, dass für die Verwendung der Produktion der seit November 1889 neu in Betrieb gesetzten sechs Zuckerfabriken im Inlande selbst bereits ausreichend gesorgt ist. Vertheilt man die 200 925 Mctr. Mehrverbrauch auf die Neuanlagen, so entfällt auf eine jede derselben mehr als 30 000 Mctr., die ihr der inländische Verbrauch in vier Monaten abgekauft hat; 30 000 Mctr. aber gelten als Durchschnittsproduktion einer Fabrik für die ganze Kampagne. Die sechs neuen Fabriken haben also dem durch Zunahme der Bevölkerung und durch an sich steigenden Bedarf inzwischen eingetretenen Mehrbedarf des deutschen Volkes noch lange nicht zu genügen vermocht. So wird durch die amtliche Statistik selbst die Behauptung der Reichsregierung von der Ueberproduktion in der Zuckerindustrie Lügen gestraft und ihrem Steuerreformprojekt einer seiner hauptsächlichsten Stützpunkte entzogen.

Folgende Ziffern sollen beweisen, dass erstens nicht seit neuerer Zeit der Fabrikenzuwachs besteht, geschweige denn, seitdem das Gesetz von 1887 in Kraft ist und zweitens, dass auch der Betriebsumfang der Fabriken nur in geringem Masse gewachsen ist:

Betriebs-jahr	Zahl der Fabriken	Durchschnittl. Rübenverarbeitung pro Fabrik
1884-85	408	254 968 Mctr.
1885-86	399	177 201 -
1886-87	401	207 149 -
1887-88	391	178 107 -
1888-89	396	199 399 -
1889-90	400	245 625 -

Und was die gegenwärtige Kampagne betrifft, so hatten wir im November (nach den amtlichen Uebersichten) 406 Fabriken gegen 400 im vorigen November und eine Rübenverarbeitung von 65 374 920 Mctr. in der Zeit vom 1. August bis 30. November 1890 gegen 65 026 272 Mctr. in der gleichen Zeit der Vorkampagne.

Will man ernsthaft die Frage entscheiden, ob in der Zuckerindustrie Ueberproduktion Platz gegriffen hat, so wird man wohl nicht die eben abgeschlossene Kampagne und die laufende, über die wir noch nicht viel wissen und die künftige, von der wir noch gar nichts wissen, ins Auge fassen dürfen, sondern wird mit einer weiter zurück gelegenen Zeit Vergleiche anstellen müssen, und wir meinen, dass von einer Ueberproduktion erst dann gesprochen werden kann, wenn die Zahl der Fabriken und die Verarbeitungsmengen der Fabriken in stärkerem Tempo zunehmen als die Bevölkerung und der Bedarf derselben. Damit kann nicht gesagt sein, dass Ueberproduktion schon dann vorhanden, wenn mehr erzeugt wird als der inländische Verbrauch nöthig hat. Denn sonst müsste in allen Gewerben, die nicht bloss für das Inland arbeiten, Ueberproduktion sein und es wäre jegliches Erzeugen für das Ausland zu verwerfen. Richtig wird vielmehr die Erwägung sein: Wenn zu einer gewissen Zeit, wo die Produktion verhältnissmässig gering war, wo man wenig exportirt hat, auf so und so viele Einwohner eine Fabrik kommt und nach Jahren, wo die Produktion grösser ist und man mehr zur Ausfuhr bringt, kommt eine Fabrik ungefähr auf dieselbe Zahl von Einwohnern, dann findet trotz der grösseren Produktion und Ausfuhr keine Ueberproduktion statt. Nehmen wir nun zum Ausgang die Kampagne 1869-70. Das Jahr mag ungefähr dem Ideal der Regierung entsprechen; denn wir hatten damals 296 Fabriken mit 25 Mill. Mctr. Rübenverarbeitung und 207 000 Mctr. Zuckerexport gegen 400 Fabriken mit 98 Mill. Mctr. Rübenverarbeitung und $7^{1}/_{2}$ Mill. Mctr. Zuckerexport in der letzten Kampagne. Damals verarbeitete eine Fabrik durchschnittlich 87 000 Mctr. Rüben, heute 245 000 Mctr.; von Grossbetrieb konnte also nicht die Rede sein. Nun ergiebt sich, wenn man die Zuckerkampagnen von 1869-70 bis zur letztverflossenen durchgeht, folgendes Bild:

Betriebs-jahr	Bevölkerung	Zahl der Fabriken	1 Fabr. auf Einwohner	Rübenverarbtg. Mctr.	Rüben pro Kopf, Mctr.	Zuckerkons. p. Kopf, kg
1869-70	38 777 000	296	130 980	25 845 866	0,67	5,17
1870-71	39 005 000	303	128 713	30 506 465	0,78	5,70
1871-72	40 265 000	311	129 469	22 509 182	0,56	5,51
1872-73	41 193 000	324	127 139	31 815 508	0,77	6,60
1873-74	41 605 000	337	123 456	35 287 639	0,85	7,19
1874-75	42 022 000	333	126 192	27 567 451	0,65	6,50
1875-76	42 468 000	332	127 916	41 612 842	0,98	7,61
1876-77	42 945 000	328	130 929	35 500 366	0,83	5,66
1877-78	43 430 000	329	132 006	40 909 680	0,94	6,74
1878-79	44 916 000	324	138 630	46 287 477	1,03	6,84
1879-80	44 396 000	328	135 353	48 052 615	1,08	6,48
1880-81	44 834 000	333	134 636	63 237 788	1,41	6,40
1881-82	45 054 000	343	133 627	62 719 479	1,39	6,96

Betriebs-jahr	Bevölkerung	Zahl der Fabriken	1 Fabr. auf Einwohner	Rübenverarbtg. Mctr.	Rüben pro Kopf Mctr.	Zuckerkons. p. Kopf kg
1882-83	45 291 000	358	126 511	87 471 537	1,93	8,46
1883-84	45 535 000	376	121 104	89 181 303	1,94	8,13
1884-85	45 843 000	408	112 360	104 026 883	2,27	10,43
1885-86	46 215 000	399	115 827	70 703 168	1,52	7,44
1886-87	46 531 000	401	116 037	83 066 712	1,78	9.25
1887-88	47 540 000	391	121 585	69 639 606	1,47	9,54
1888-89	48 020 000	396	121 263	78 961 830	1,64	8,30
1889-90	48 500 000	400	121 250	98 250 394	2,02	10,01
1890-91	49 000 000	406	120 689	—	—	—

Dabei zeigt sich zunächst, dass die Anzahl der Fabriken im Vergleich zur Bevölkerung nur unerheblich gewachsen ist. Im Durchschnitt der drei ersten Kampagnen entfiel auf 129 720 Einwohner eine Fabrik, in dem Durchschnitt der drei letzten Kampagnen auf 121 067 Einwohner. Ist das ein Unterschied, der ins Gewicht fällt? Zu bemerken ist aber, dass wir schon 1873-74 fast dasselbe Verhältniss von Fabrikenzahl zu Einwohnerzahl hatten wie im letzten Betriebsjahr und dass wir in den Kampagnen 1883-87 ein ungünstigeres Verhältniss (im Sinne der Regierung) hatten als heute, dass also von einer in den letzten Betriebsjahren oder gar erst unter dem letzten Steuergesetz hervorgetretenen Ueberproduktion nicht gesprochen werden kann.

Auch bezüglich der Rübenverarbeitung pro Kopf der Bevölkerung zeigt sich, dass schon früher, nämlich in 1884-85, also vor Schaffung des Zuckersteuergesetzes von 1887, eine verhältnissmässig stärkere Verarbeitung stattgefunden hat; vergleicht man die Rübenverarbeitung der ersten mit derjenigen der letzten Kampagnen, so hat sich dieselbe allerdings im Verhältniss mehr als verdoppelt; aber auch der inländische Konsum hat sich nahezu verdoppelt. Da jedoch die deutsche Zuckerindustrie auch für fremde Länder arbeitet und zwar für solche, in denen sich der Zuckerkonsum in rascherem Tempo vermehrt als bei uns, wird es wohl richtig, ja unvermeidlich sein, dass diese Industrie nicht allein entsprechend dem Wachsthum des einheimischen, sondern auch nach dem des ausländischen Verbrauches sich ausdehnt. Wenn die Reichsbevölkerung von Jahr zu Jahr um mehrere Hunderttausende sich hebt, ist es da nicht unausbleiblich und in der Ordnung, dass entsprechend dem Volkszuwachs die deutsche Wirthschaft sich ausdehnt und dass auf die Zuckerwirthschaft ein entsprechender Antheil entfällt, dass also einige neue Fabriken gegründet werden?

Also selbst, wenn man zugiebt, dass eine Industrie nur entsprechend dem einheimischen Bedarf sich ausdehnen dürfe, könnte, wie wir oben sahen, von einer Uebererzeugung in der deutschen Zuckerindustrie kaum die Rede sein. Wer aber hartnäckig auf dem Standpunkt steht: Mehr darf nicht erzeugt werden, als man im Lande braucht, dem wird im Hinblick auf die Entwicklung der Zuckerindustrie entgegenzuhalten sein: Dann ist der Fehler früher gemacht worden; dann war Ueberproduktion vorhanden in dem Augenblick, als das erste Pfund Zucker über die Grenze ging und man hätte damals Einhalt thun müssen.

Die Reichsregierung aber will die Sünden der Väter heimsuchen an den Kindern und wählt dazu als ein für diesen Zweck ihrer Meinung nach besonders taugliches Mittel die Verbrauchssteuer. Sie rechnet, die Materialsteuer habe die Industrie gross gemacht, unter ihr entstehen fortwährend neue Fabriken, die Verbrauchssteuer werde sie klein machen und sie sagt ausdrücklich in den Motiven (S. 28): „Eine Abstandnahme von der fortwährenden Gründung neuer Zuckerfabriken in Deutschland aber oder eine merkbare Einschränkung der Produktion unserer bestehenden Zuckerfabriken lässt sich nach den bisherigen Erfahrungen nicht erwarten, wenn nicht die Materialsteuer beseitigt .... wird." Dass nach Beseitigung der Ausfuhrvergünstigungen, die aus der Materialbesteuerung entspringen, „eine merkbare Einschränkung der Produktion unserer bestehenden Zuckerfabriken" ganz nach der Absicht der Motive, die hier mit dankenswerther Offenheit hervortritt, eintreten wird, unterliegt keinem Zweifel; ob man aber auch das andere Ziel erreicht, die Gründung neuer Fabriken zu verleiden, ist in der That nicht mit Bestimmtheit vorauszusagen.

Sieht man sich in der Geschichte der Zuckersteuer nach ähnlichen Wandlungen um, so fällt der Blick zunächst auf Frankreich, wo man i. J. 1884 von der Fabrikatsteuer zur Materialsteuer überging. Frankreich hatte 1882-83 (also vor der Steueränderung) 497 Fabriken mit 4 030 418 Mctr. Rohzuckererzeugung, in den Kampagnen 1889-90 aber 373 Fabriken mit 7 782 326 Mctr. Erzeugung. In der Kampagne 1882-83 traf im Durchschnitt auf 1 Fabrik 8311 Mctr. Produktion, 1889-90 aber 10 805 Mctr. Diese wenigen Ziffern geben viel zu denken. In Frankreich ist also in der Materialsteuerzeit eine beträchtliche Verminderung der Fabriken eingetreten und zwar um 84 Fabriken von der Zeit vor der Steueränderung bis zu der Kampagne, wo die Wirkung der Materialsteuer durchzudringen begann (1885-86: 413 Fabriken) und um 124 Fabriken bis zum letzten Betriebsjahr. Aber erheblich gewachsen ist die Produktion im Ganzen und die Produktion pro Fabrik. Die letztere Erscheinung stimmt nun, wie gesagt, mit den Erwartungen der Gesetzesvorlage durchaus überein: in der Fabrikatsteuerzeit geringe Produktion und kleinere Betriebe. Aber die Thatsache, dass Frankreich unter der Fabrikatsteuer mehr Fabriken hatte, als unter der Materialsteuer, giebt doch an die Hand, dass auch anderwärts die Fabrikat- bezw. Verbrauchsbesteuerung das Entstehen neuer Unternehmungen begünstigen wird.

Denn die Materialbesteuerung trägt den Vorzug in sich, dass sie nur solche Fabriken duldet, die in Gegenden gelegen sind, wo man gute, zuckerreiche Rüben bauen kann, da die Tendenz der Industrie unter der Herrschaft der Rübensteuer auf die Qualität und nur in zweiter Linie auf die Menge gerichtet ist; das Leitmotiv heisst: Viele, aber nur gute Rüben! Die Rübensteuer beschränkt oder besser koncentrirt die Zuckerfabrikation auf die besten Böden. Die Verbrauchssteuer jedoch vertheilt die Zuckerindustrie auf alle nur irgend geeigneten Gegenden, weil dann das Streben nicht mehr in erster Linie auf die Erzeugung guter Rüben hinzielt, und weil, wenn es keine nur durch gute Rüben zu erringenden Vortheile giebt, man in jeder Gegend vermeinen wird. Rüben bauen und Zucker gewinnen zu können. Eine Einschränkung der Produktion im Ganzen und im Einzelnen bei den bestehenden Fabriken also wird man durch die Abkehr von der Rübenbesteuerung jedenfalls erreichen, weil die mit dem Wegfall der Ausfuhrprämie eintretende Beschränkung des Exportes nothwendig beengend auf den Rübenbau wirken und weil die Fabriken, die bisher Steuervortheile genossen, nach deren Verlust nicht mehr die früheren Rübenpreise werden bezahlen können und die Landwirthschaft zu anderer Frucht übergehen muss. Die alten und die neuen Fabriken aber, sämmtlich kleinere Betriebe, in der Hauptsache nur noch in den Grenzen des inländischen Verbrauchs arbeitend, der aber wegen der hohen Steuer verhältnissig gering sein wird, werden sich gegenseitig im Wege stehen und insgesammt ein kümmerliches Dasein fristen.

(Eine Frage für sich bleibt es allerdings, ob man unter der Verbrauchssteuer in Deutschland überhaupt noch mit Gewinn wird Rüben bauen können.)

Wer diese Entwicklung will, mag die Steuerreform gutheissen; wer sie für ungesund hält, kann folgerichtig nur die Materialsteuer wollen.

Die Materialbesteuerung, will sagen, die Prämie soll nach der Meinung der Reichsregierung zur Vermehrung der Fabriken geführt haben und noch fortwährend zu Neugründungen Anreiz geben. Wie kommt es aber dann, dass gerade in den Landestheilen mit besten Rübenböden, wo man das Materialsteuersystem mit grösstem Erfolg auszunutzen vermag, die Zahl der Fabriken sich gegen früher verringert hat bezw. seit einer Reihe von Jahren stationär geblieben ist? So hatte die Provinz Sachsen 1873-74 150 Fabriken, 1879-80 139, heute 130, die Provinz Hannover zählt schon seit 1885 in jeder Kampagne 44 Fabriken; im Herzogthum Anhalt gab es 1873-74 35 Fabriken, heute 30; im Herzogthum Braunschweig sind schon seit 1879 immer 30—32 Fabriken im Betriebe. Dies zeigt doch recht deutlich darauf hin, dass es nicht die Prämie ist, um derenwillen man zur Zuckerfabrikation schreitet und zum Rübenbau übergeht, sondern aus ganz anderen Gründen drängt die **Landwirthschaft** zur Rübenkultur. Lassen wir darüber einen Volkswirth sprechen, dessen Ausführungen nicht der Interessenvertheidigung, sondern lediglich wissenschaftlicher Ergründung und Belehrung dienen sollen. Prof. Paasche in Marburg äussert sich in seiner Schrift über „die jüngste Entwicklung der Zuckerindustrie und die Reform der Zuckersteuer" (Jahrbücher für Nationalökonomie und Statistik N. F. XV. 1887, S. 280 fg.) wie folgt:

„Die Gegner der bestehenden Zuckersteuer wiesen als Erklärung für die so ungeahnte Entwicklung auf die ihrer Meinung nach übermässig hohen Exportprämien hin, die den Zuckerfabriken hohe unberechtigte Gewinne brächten und zu einer ungesunden Erweiterung der Fabrikation Anlass gäben. Sie machten der Reichsregierung direkt den Vorwurf, dass sie durch ihr allzu vorsichtiges und zaghaftes Vorgehen in der Reform der Zuckersteuer dieses „ungesunde Anwachsen der Industrie" begünstigt habe, und als dann im Jahre 1884-85 wirklich die Krisis kam, eine Beschränkung der Produktion sich auch in Deutschland nothwendig zeigte, um bessere Preise zu erzielen, da glaubten viele, dass die Thatsachen den Beweis erbracht hätten für die Richtigkeit ihrer Behauptungen."

Trotzdem sind wir noch heute der Meinung, dass wenigstens in den Landstrichen, die bisher kaum nennenswerthe Rübenkultur gehabt hatten, wohl keine einzige Fabrik dieser Exportprämien wegen begründet ist. Denn einmal war die Prämie keineswegs so hoch, als sie von einzelnen Gegnern der Rohmaterialsteuer und vom Auslande hingestellt wurde oder ward in der berechneten Höhe nur von wenigen besonders gut situirten Fabriken bezogen, andererseits mussten alle die Männer, die es unternahmen, für die neue Industrie einzutreten und die Landwirthe zum Rübenbau zu bekehren, sich stets gewärtig sein, dass die Prämie durch die Gesetzgebung beseitigt werden könne, und werden bei ihren Berechnungen des muthmasslichen Gewinnes sicherlich einen eventuellen Rückgang der Preise mit **kalkulirt haben.**

Die Gründe, weshalb sich Schleswig-Holstein, Mecklenburg, Preussen und Posen zum Rübenbau entschlossen, sind ganz andere und gewiss berechtigte.

Das Darniederliegen der Landwirthschaft ist bekannt. Der Getreidebau war unter dem Druck ausländischer Konkurrenz mehr und mehr unrentabel geworden, Viehzucht und Wollproduktion lohnten nicht in dem gewünschten Masse; wollte man Besserung der Verhältnisse, so musste man die althergebrachte extensive Wirthschaftsweise aufgeben und durch intensivere Kultur höhere Roh- und Reinerträge zu erzielen suchen. Diesen Uebergang zu neuen Verhältnissen zu vermitteln und anzubahnen war keine Kultur geeigneter als die Rübenkultur, die den Landwirth zwingt, die alte Felderwirthschaft mit ausgedehnter Brach- und Weidehaltung aufzugeben, den Boden in regelmässige Bearbeitung zu nehmen, tiefzulockern, zu reinigen und zu düngen, — die den Weidegang der Rinder entbehrlich macht, weil sie reichliche Futtermengen zur Stallfütterung liefert und infolge dessen grössere Erträge aus der Viehwirthschaft und bedeutende Düngervorräthe schafft.

Dadurch wird nicht nur der Rübenbau selber ein einträgliches Geschäft, sondern er lohnt auch durch seine indirekte Einwirkung auf die ganze Gestaltung der Wirthschaftsführung dort, wo bisher ein grosser Theil des Kulturlandes in regelmässiger Folge als Brach- und Weideland liegen blieb und geringen Nutzen abwarf. Die sichere Hoffnung auf die höheren Erträge aus den Nachfrüchten und der Viehhaltung haben die Landwirthe oft mehr als die ungewisse Aussicht auf hohe Dividenden der Fabrik zur Begründung einer solchen veranlasst.

Die allenthalben unternommenen Anbauversuche hatten den Beweis erbracht, dass eine zuckerhaltige und sehr reine Rübe in jenen nördlichen Provinzen zu erzielen sei, — kein Wunder wenn man es wagte, mit den alten Stätten der Zuckerproduktion in Konkurrenz zu treten, vor denen man manches voraus zu haben glauben durfte.

Freilich hatten jene alten Zuckerländer den Vorzug und das grosse Verdienst, nach jahrelangen Bemühungen und mit grossen Opfern den Rübenbau und die Fabrikation zu hoher Vollkommenheit ausgebildet zu haben; aber bei der jetzigen Beweglichkeit der Bevölkerung war es leicht, tüchtige Arbeiter und Betriebsdirigenten von dorther kommen zu lassen und dadurch die unliebsamen Erfahrungen, die jeder neue Betrieb mit sich bringt, zu ersparen. Die dortigen Fabrikanten arbeiteten ferner zwar mit amortisirten Kapitalien, sie hatten Vermögen erworben, verfügten über einen vorzüglichen Boden, der bei einem besonders günstigen Klima sichere und reiche Ernten abwarf; aber dieser Boden war auch, weil eine Quelle des Reichthums, theuer bezahlt und gegen hohe, sehr hohe Pachten erpachtet worden, er war bis auf das kleinste Fleckchen in Kultur genommen und die reichen Erträge der Nachfrüchte und Viehhaltungen waren bei Kauf- und Pachtpreisen mit in Rechnung gezogen, — eine weitgehende Steigerung derselben durch noch intensivere Kultur war ausgeschlossen. Dazu war der Boden vielfach mit Nematoden und sonstigen Rübenfeinden verseucht und dadurch rübenmüde geworden; eine weitere Forcirung des Rübenbaues war nicht rathsam, hie und da eine zeitweilige Einschränkung nothwendig.

Wie ganz anders lagen und liegen die Verhältnisse da, wo die Zuckerrübe einen für sie noch jungfräulichen Boden fand, der gleichfalls gut zum Anbau geeignet, freilich noch nicht mit Dampfpflug und künstlichem Dünger bearbeitet und vorbereitet, dafür aber auch nicht mit Schädlingen aller Art infizirt war, und was die Hauptsache ist, nicht so hoch im Preise stand und bessere Kultur reichlich zu lohnen versprach.

Der mecklenburgische Bauer beispielsweise, der bisher in der alten Siebenfelderwirthschaft nur vier Saaten bestellte, auf Winterung Sommerkorn, dann nochmals Sommergetreide und Winterkorn folgen liess, unter dem letzten Roggen oder Weizen Klee ansäete, diesen nur einmal schnitt, dann mit den Kühen, im nächsten Jahre mit den Schafen abweidete, um schliesslich im siebenten Jahre in schwarzer Brache den „Dreesch" im Sommer fleissig zu bearbeiten und für denselben Turnus empfänglich zu machen — hat bei Einführung der Rübenkultur eigentlich für denjenigen Ackerschlag, den er mit Rüben bebaut, keinen Grundzins zu zahlen. Während bisher zwei Siebentel seines Areals (Brache und Weideschlag) fast nutzlos für ihn dalagen, und die vier aufeinander folgenden Halmfrüchte in den abtragenden Schlägen nur geringen Nutzen gaben, wird er jetzt statt der sieben nur vier Schläge nehmen, von denen einer mit Rüben bebaut, tief gepflügt, gut gedüngt und gehackt besser für das nachfolgende Getreide vorbereitet sein wird, als bis dahin der Brachschlag. Für diese Landwirthe ist die Beseitigung der Brache und Weideschläge, die Einführung der Stallfütterung ein direkter Gewinn, der hoch anzuschlagen ist.

Mögen dann immer in den alten, aber kostspieligen Kulturböden die Ernten qualitativ und quantitativ besser sein, die steigenden und weiter zu steigernden Einnahmen aus der Körner- und Viehwirthschaft auf dem billigen Boden dortiger Gegend geben dem Landwirthe einen Vorsprung, der im Wettkampf mit seinem Nebenbuhler nicht zu verachten ist.

Nach alledem wird man die Einführung der Rübenkultur in den nördlichen und östlichen Distrikten unseres Vaterlandes sicherlich nicht für einen rücksichtslosen Eingriff in die Privilegien der bisherigen Produktionsstätten, noch viel weniger für einen ungesunden, durch künstliche Verhältnisse geschaffenen Zustand erklären dürfen, sondern wird unseres Erachtens zugestehen müssen, dass es für die Volkswirthschaft nur erfreulich sein könnte, wenn durch weitere Ausbreitung des Rübenbaues eine bessere Ausbeutung des vorhandenen Bodenkapitals stattfände, — selbstverständlich nur überall da, wo die natürlichen Vorbedingungen in günstiger Weise gegeben sind."

In der Förderung seiner gesammten Wirthschaft, die dem Bauer winkt, wenn er die Zuckerrübenkultur betreibt, besteht der Antrieb zum Rübenbau der Grund und der Ausdehnung der Zuckerindustrie und erst, wenn man diesen Vortheil würdigt, versteht man, welch kostbares Gut der deutschen Landwirthschaft geraubt wird, wenn, wie der Steuergesetzentwurf beabsichtigt, eine merkbare Einschränkung der Produktion herbeigeführt, der Landwirthschaft also der Rübenbau erschwert und entzogen wird.

Der Rübenkultur verdankt die norddeutsche Landwirthschaft ihre heutige Entwicklung; sie ist mit der Zeit ihre Grundlage und der Ursprung aller Fortschritte geworden. Die Rübenkultur ist es auch, die den Bodenwerth auf seine heutige Höhe brachte; die Pachtpreise der preussischen Domänen in den Zuckerdistrikten beweisen es.

Durch die Rübenkultur ist ein intensiver und rationeller Betrieb der gesammten Landwirthschaft herbeigeführt worden, und der merkbare Rückgang des Rübenanbaues, der nach dem vorliegenden Steuergesetz eintreten wird und soll, wird unausbleiblich einen merkbaren Rückgang des gesammten Landwirthschaftlichen Betriebes zur Folge haben. Die Rübe braucht tiefe Beackerung, reichliche Düngung, gute technische Hülfsmittel und Anspannung aller Kräfte. Diese Fortschritte kommen aber nicht allein der Rübe, sondern auch den Nachfrüchten und somit der ganzen Wirthschaft zu Gute. Als weiterer besonderer Vortheil der Rübenkultur kommt hinzu die Einschränkung des Futterbaues, da die Abfälle der Rübenentzuckerung ein ausgezeichnetes Futtermittel liefern und überdies vermehrte Viehhaltung ermöglichen.

Der den Nachfrüchten aus den Rübenäckern entspringende Vortheil äussert sich in reicheren Körnererträgen, Stroherträgen und Erträgen der Hülsenfrüchte. Auf Grund exakter Forschungen hat Humbert in seinen schon 1877 erschienenen, oft citirten, aber, wie unser Steuerprojekt und Herrn Wittes Reichstagsreden beweisen, lange noch nicht genug gewürdigten „Agrarstatistischen Untersuchungen über den Einfluss des Zuckerrübenbaus auf die Land- und Volkswirthschaft" (Professor Conrad's Sammlung nationalökonomischer Abhandlungen I. 1) von der Provinz Sachsen nachgewiesen, dass die kleinste Ernte einer Rübenwirthschaft in Kornwerth pro Hektar ausgedrückt, höher ist, als der höchste Ertrag in Nichtrübenwirthschaften. Im Durchschnitt wird nach Humbert in den Rübenwirthschaften beinahe ein Drittel Kornwerth mehr erzeugt als ohne Rübenbau. Dabei kostet in den Rübenwirtschaften die Kultur von 100 kg Kornwerth weniger als in den Nichtrübenwirthschaften. Die Aussaat erfordert bei jenen 4 pCt., bei diesen 6 pCt. der Ernte. Obwohl mehr Viehfutter pro Hektar in den Rübenwirthschaften verbraucht wird als in den Nichtrübenwirthschaften, nimmt dasselbe in den ersteren doch nur 37 pCt., in den letzteren 53 pCt. von der Gesammtmenge in Anspruch. Ferner gelangen in den Rübenwirthschaften mehr Feldprodukte zur Veredelung (Milch, Butter, Käse etc.), als in den Nichtrübenwirthschaften überhaupt geerntet werden, wodurch mehr Arbeiter beschäftigt werden können, die Einnahmequellen flüssiger, der Gewinn höher wird.

Am Schlusse seines Berichtes (S. 113) sagt Humbert: Wir glauben, dass die Rübenkultur nach vielen Seiten äusserst intensiv auf die gesammte Land- und Volkswirthschaft unseres Vaterlandes wirkt, dass ihre Verbreitung zur wesentlichen Quelle des Reichthums für viele Gegenden, ja für ganze Provinzen geworden ist. Denn der Rübenbau war einer der hauptsächlichsten Vorkämpfer für eine intensive Landwirthschaft.... Seine Zerstörung oder auch nur erhebliche Einschränkung würde für sie ein fürchterlicher, Jahrzehnte hindurch nachwirkender Schlag sein, wäre unzweifelhaft das Signal zu einem mächtigen Rückschritt.

Uebereinstimmend mit den Ergebnissen von Humbert's Untersuchungen lauten die Berichte des Vereins für Socialpolitik über die Zustände der rübenbauenden Landwirthschaft, die in der Sammlung „Bäuerliche Zustände in Deutschland" im Jahre 1883 veröffentlicht worden sind.

Wie der Rübenbau dazu führt, eines der ersten wirthschaftlichen Ziele zu erreichen, nämlich einen möglichst grossen Theil des verfügbaren Landes unter Ackerkultur zu bringen, hat neuerdings Kaerger (Landwirthschaftliche Jahrbücher 1890) zahlenmässig nachgewiesen. Darnach haben von den rübenbauenden Kreisen der Provinz Sachsen und des Herzogthums Anhalt

36 pCt. dieser Kreise über 80 pCt. Ackerland
28 -   -   -   - 70 -   -
8 -   -   -   - 60 -   -
16 -   -   -   - 50 -   -
8 -   -   -   - 40 -   -
4 -   -   -   - 30,5 -   -

demnach 64 pCt. über 70 pCt. Ackerland. Diese Zahlen können erst dann die hier herrschende Ausnutzung der Bodenfläche verdeutlichen, wenn sie mit den entsprechenden Ziffern für das übrige Deutschland verglichen werden.

Es beträgt das Ackerland Prozent der Gesammtfläche

im Deutschen Reich 48,3
in Preussen 50,0
im Königreich Sachsen 54,6
in Mecklenburg-Schwerin . . . 57,1
- Braunschweig 50,4
- Oldenburg 29,4
- Bayern 40,5
- Württemberg 45,2
- Baden 41,7
- Hessen 49,6
- Elsass-Lothringen 47,4

Allerdings giebt es auch ausserhalb der Rübenländer Gegenden, in denen der Antheil des Ackers an der Gesammtfläche diese Durchschnittsziffern weit übersteigt; aber diese Gegenden befinden sich in der verschwindenden Minderheit. Ueber 80 pCt. Ackerboden haben von sämmtlichen deutschen Kreisen ausserhalb der Provinz Sachsen nur vier derselben aufzuweisen. In der genannten Provinz dagegen zeigen acht Kreise diesen hohen Satz, das will sagen: Während im übrigen Deutschland der 200. Theil sämmtlicher 800 Kreise mehr als vier Fünftel ihres Areals der Ackerkultur unterwirft, geschieht dies in den Kreisen der Provinz Sachsen von mehr als dem fünften Theil derselben. Denn die Rübenkultur mit ihren segensreichen Wirkungen setzt den sächsischen Landwirth in den Stand, ein Stück Wiese nach dem anderen zu Ackerland zu umbrechen und schliesslich nur solche Flächen, die in Folge ihres Grundwasserstandes und ihrer tiefen Lage Wiesenland bleiben müssen, dem Pfluge vorzuenthalten. Dass nicht etwa der grösste Theil, ja viel weniger als die Hälfte des Ackerlandes in diesen intensiven Wirthschaften auf den Rübenbau selbst entfällt, braucht wohl kaum hinzugefügt zu werden. Um aber jedem Irrthum zu begegnen, seien noch einige für die Distrikte mit stärkstem Rübenbau geltende Ziffern hier vermerkt.

Kreis	Die Rübenbaufläche beträgt pCt. der Ackerfläche	Es betragen pCt. der Gesammtfläche		
		Acker	Wiesen	Weiden u. Hütungen
Wanzleben . . .	22,04	85,1	5,5	1,3
Oschersleben . .	21,80	78,5	7,8	1,4
Calbe	15,32	76,4	6,5	1,7
Aschersleben . .	13,26	74,6	5,8	2,3
Saalkreis . . .	12,60	85,0	2,9	1,9
Halberstadt . . .	12,33	80,9	4,6	4,1
Mansf. Seekreis .	11,58	86,9	1,3	2,6
Neuhaldensleben .	10,29	65,0	6,6	1,9
Bernburg . . .	21,68	88,1	3,3	1,0
Coethen	20,71	88,2	3,2	0,5

Aehnliche Erfolge werden, wie bekannt, in Schlesien und überhaupt in den Distrikten mit Zuckerrübenkultur erzielt. Sie sprechen dafür, dass es nicht so sehr der hohe Ertrag aus dem Rübenbau selbst ist, der die Landwirthschaft zu seiner Pflege bestimmt und reizt, sondern der mit der Zuckerrübe einhergehende höhere Gesammtwirthschaftsertrag. Die Rübe ist für die Landwirthschaft weniger Zweck als in höherem Grade Mittel zum Zweck.

Wir haben absichtlich die Urtheile und Angaben Anderer, deren Untersuchungen mit der Steuerfrage in keinerlei Zusammenhang stehen, angeführt, um Herrn Witte, dem Parteimann, mit einwandsfreiem Material zu dienen.

Herr Witte hat nämlich in der Reichstagssitzung vom 12. September gemeint, wenn die Gegner der Vorlage von volkswirthschaftlichen Gründen gegen dieselbe sprächen, so wären das nur leere Redensarten, und ferner hat er die unglaubliche Behauptung aufgestellt, die Abschaffung der Materialsteuer würde auf die Landwirthschaft gar keinen Einfluss üben. Somit lässt sich nur annehmen, dass Herrn Witte die Wirkungen des Rübenbaues auf die landwirthschaftliche Gesammtkultur unbekannt sind oder dass er sich in Widerspruch mit der Vorlage und in der Meinung befindet, dass der Wegfall der Ausfuhrprämien die „merkbare Einschränkung der Produktion", welche die Regierungsvorlage beabsichtigt, nicht herbeiführen wird. Vielleicht ist sogar beides der Fall; umsomehr aber muss man die Frage zu entscheiden suchen, ob unter der in Aussicht genommenen Steuerreform der Anbau der Zuckerrübe noch gewinnbringend und darum für die Landwirthschaft möglich sein wird oder nicht.

Darüber liegen uns die sachverständigen Berechnungen von zwei Industriellen vor, die hier wiedergegeben sein mögen.

Herr Dr. Bergmann (Querfurt) rechnet:

„Angenommen, man habe eine Fabrik die 600 000 Ctr. Rüben verarbeitet; solche soll mit Mk. 775 000 zu Buch stehen, wovon Mk. 400 000 für Maschinen und Mk. 350 000 für Gebäude. Von ersteren rechnen wir 10 pCt. von letzteren 5 pCt. Abschreibung. Nehmen wir weiter an, dass noch eine Anleihe von Mk. 300 000 besteht, die zu 4 pCt. zu verzinsen ist und von der jährlich Mk. 10 000 mindestens zu amortisiren sind.

Allgemeine Betriebskosten (ohne Zinsen und
Amortisationen) pro Centner Rüben . . . . . Mk. 0,40
Dazu Amortisationen Mk. 400000 10 pCt. Mk. 40000
                           - 375000 5 -   - 18750
Zinsen auf Anleihe . . . . - 12000
Amortisation der Anleihe . . . . . - 10000

Pro anno . . . . Mk. 80750
Dies ergiebt bei 600 000 Ctr. Rüben pr. Ctr. . . . Mk. 0,1364

Demnach Unkosten pro Centner Rüben . . . . Mk. 0,5346

Nun soll ein Verdienst von 10 Pfg. pro Centner Rüben gerechnet werden; wir haben also den Rübenpreis so zu suchen, dass wir obige 53,46 plus
10 also

63,46 Pfennig von dem Erlös an Zucker und Melasse in Abzug bringen.

Wir rechnen nun eine Durchschnittspolarisation von $13^{1/2}$ pCt. Zucker (Alkoholmethode). Daraus gewinnen wir

10 pCt. I. Produkt à 96 pCt.
2 - II. und III. - à 90 -
$2^{1/2}$ - Melasse.

Ein Zuckerpreis von Mk. 15 pro Centner wird sich nach Aufhebung der Exportbonifikation von Mk. 4,25 in einen solchen von Mk. 10,75 verwandeln.

Also 10 pCt. I. à 10,75 = 107,50 Pfg.
2 - II. u. III. à 7,75 = 15,50 -
(Mk. 3 weniger als Erstes.)
$2^{1/2}$ pCt. Melasse à $1^{1/2}$ = 3,75 -

126,75 Pfg.
Ab obige 63,46 -

bleiben 63,29 Pfg.

Es bleiben also pro Centner Rüben baare 63,69 Pfg. Unter Zugrundelegung obiger Basis der Berechnung bekommen wir nun für

Mk. 16 Zuckerpreis jetzt, (später also 11,75) 75,24 Pfg. ⎫
bei - 17 -   -   -   - 12,75 87,24 - ⎬ pro Centner Rüben.
 - - 18 -   -   -   - 13,75 99,24 - ⎪
 - - 19 -   -   -   - 14,75 111,24 - ⎭

Wir kommen also erst bei einem Preise von Mk. 19 (nach heutigem Steuermodus) für 92er Zucker auf einen Rübenpreis, der dem Fabrikanten 10 Pfg. Nutzen pro Centner giebt und dem Rübenbauer seine Auslagen ersetzt, denn unter 110 Pfg. ist doch, wenn man scharf rechnet, eine gute Rübe nicht zu bauen. Wann haben wir aber je solche Preise gesehen? Abgesehen von der abnormen Periode im Sommer 1889, niemals; denn die Fabriken vertheilen ihre Verkäufe auf eine Reihe von Monaten und erhalten den Durchschnitt, der bei Mk. 17 liegt, und da haben wir, wie oben berechnet, Mk. 87,24 Rübenpreis, also arbeitet der Landwirth unter Produktionswerth der Rübe.

Es ist jedem Eingeweihten klar, dass meine obige Unkostenannahme eine sehr günstige ist; für viele Fabriken belaufen sich die Unkosten viel höher; wir kennen solche, welche mit 70 Pfg. Unkosten pro Centner Rüben rechnen müssen (ohne die Rübensteuer und den angenommenen Gewinn von 10 Pfg.)" —

Herr Dr. Bodenbender (Wasserleben) führt aus:

„Im Allgemeinen ist es unmöglich, die Unkosten der Landwirthschaft für den Centner Rüben zu fixiren, da die Verhältnisse, unter denen der Rübenbau erfolgt, je nach Bodenbeschaffenheit, Kulturzustand des Bodens selbst, Pachtbetrag und Arbeitslöhnen höchst wechselnde sind. Da, wo die Landwirthschaft intensiv betrieben wird, also in den Bezirken des Zuckerrübenanbaues, dürfte der Centner Rüben im Mittel nicht unter Mk. 1 zu produziren sein. Nehmen wir die Verarbeitungskosten in der Fabrik inkl. Amortisation und Verzinsung des Betriebskapitals zu Mk. 0,50 an, so würden die Unkosten per Centner Rüben sich auf Mk. 1,50 stellen. Bei dem internationalen Werthe von Mk. 12,50 per Centner Zucker, wie er zur Zeit herrscht, würden 12 pCt. Ausbeute an Rohzucker zur Deckung dieser Unkosten nöthig sein; es verbliebe demnach der Fabrik als Gewinn der Erlös aus der Melasse — bei 3 pCt. derselben und dem heutigen Höchstpreise von Mk. 2 per Centner = 6 Pfg. per Centner Rüben. Ich nehme dabei an, dass der Magdeburger Morgen einen Ertrag von 200 Ctr. Rüben erbringt und für diesen Ertrag würden $8^{1}/_{3}$ Ctr. Rüben als zur Darstellung eines Centners Rohzucker nothwendig, wohl kaum als zu hoch zu erachten sein. Die Landwirthschaft würde alsdann als einzigen Gewinn das aus der Zuckerrübe resultirende Futter zu verzeichnen haben. Dazu braucht man indessen keine Fabrik zu betreiben. Ich bin der Ansicht, dass unter solchen Verhältnissen die Zuckerindusrie nicht dauernd weiter zu bestehen vermag; die Verarbeitung eines Centners Rüben muss einen Gewinn von 20 Pfg. ergeben, wenn deren Anbau landwirthschaftlich rentiren soll. Unter dem neuen Zuckersteuergesetze ist solches, wenn der Zuckerpreis sich nicht international hebt, nicht möglich, und er wird sich nicht heben, so lange unsere Konkurrenzländer an der Hand hoher staatlicher Prämien billiger als wir zu produziren vermögen." —

Aus diesen Anführungen geht zur Genüge hervor, dass nach Fortfall der Ausfuhrvergütung die Rübenpreise erheblich reduzirt, der Ertrag der Landwirthschaft aus dem Rübenbau und in Folge dessen der Rübenbau beschränkt werden wird.

Die Vorlage wird also ihr Ziel, die merkbare Beschränkung der Produktion, sicherlich erreichen; denn dass ein Ausgleich durch Besserung der Weltmarktspreise eintreten werde, ist angesichts der anderwärts allenthalben vor sich gehenden Vermehrung der Zuckerproduktion nicht zu erwarten. Sagen doch selbst die Motive des Gesetzentwurfes (S. 31), dass in nicht ferner Zeit erheblich grössere Mengen Zucker am Weltmarkt erscheinen und die Preise drücken werden.

Welche Folgen nun die Einschränkung der Rübenkultur nach sich ziehen wird, kann nach dem oben Gesagten leicht ersehen werden. Der Bodenwerth, heute in der Provinz Sachsen nicht selten Mk. 800—1000 Kaufgeld und Mk. 40—60 Pacht pro Morgen, wird geringer werden. Die Landwirthe, welche auf längere Zeit in der Erwartung, Rübenbau treiben zu können, gepachtet und deshalb zu hohen Preisen sich verstanden haben, werden schwere Einbussen erleiden. Die Domänen, Stiftungen, Kirchen und Private werden künftig geringere Pachtpreise erhalten. Der Bau des Getreides wird, wenn es nicht mehr oder nicht mehr in der Ausdehnung wie heute Nachfrucht der Rübe sein wird, minder ertragsreich werden. Die Viehhaltung wird, wenn das von den Rückständen der Rübe gelieferte Futter reduzirt sein wird, eingeschränkt werden müssen.

Als nothwendige Hackfrucht wird wieder die Kartoffel in den Vordergrund treten, jedoch von vornherein ohne Aussicht auf grosse Erfolge, da mit dem Fortfall der Rübensteuer die Melasse, weil ihre Entzuckerung unlohnend, sich mehr als jetzt den Brennereien zuwenden und der Kartoffel Konkurrenz machen wird. Die Beeinträchtigung des gesammten landwirthschaftlichen Gedeihens, die unausbleiblich sein wird, muss jedoch bald ihre Rückwirkungen äussern auf die Arbeiterschaft. Nicht allein die Arbeitsgelegenheit wird sich verringern, wenn ie Rübenkultur eingeschränkt werden muss, sondern vor Allem wird die Höhe der Löhne nicht mehr dieselbe bleiben können, wenn weniger Rübenbau betrieben wird*) und wenn überhaupt die landwirthschaftlichen Erträge den Weg des Rückganges einschlagen. Mit gutem Grund erwartet daher die Socialdemokratie die durch die Steuerreform geschädigten Arbeiter in den Rübendistrikten und Zuckerfabriken als ihre künftigen Anhänger, denn sie weiss, dass eine wirthschaftlich geschwächte Arbeiterschaft sicher in ihre Hände fällt.

Sehr zutreffend äussert sich über diesen Punkt die Eingabe des landwirthschaftlichen Centralvereins der Provinz Sachsen:

„Die rübenbauende Landwirthschaft beschäftigt eine weit grössere, mindestens die doppelte Zahl von Arbeitern, wie der gewöhnliche landwirthschaftliche Betrieb fordert und ist im Stande, denselben auch einen verhältnissmässig sehr günstigen Lohn zu zahlen. Durch die Arbeit in den Fabriken haben die ländlichen Arbeiter auch den ganzen Winter durch dauernde Beschäftigung, welche zu bieten die Landwirthschaft allein meist nicht im Stande ist. Eine Aenderung zu Ungunsten des Zuckerrübenbaues würde auch in dieser Beziehung eine Wandlung zum Schlechteren bedeuten. Die geringeren Löhne und die verminderte Arbeitsgelegenheit würde die Arbeiter in die Städte oder auf dem Lande selbst den Socialdemokraten in die Arme treiben. Leider haben gerade in unserer Provinz die Social-

---

*) Nach Kaerger kommen in Sachsen in den Wirthschaften die den dritten Theil des Ackerlandes mit Rüben bebauen, durchschnittlich Mk. 40 bis 45 Gesammtlöhne auf den Morgen, in denjenigen mit geringerem Rübenbau Mk. 30 bis 35.

demokraten auch in ländlichen Bezirken schon viel Boden gewonnen und zahlreiche Aeusserungen aus dem Munde ihrer Agitatoren beweisen, dass sie bei ihren Bemühungen und Hetzereien gerade darauf bauen, den ländlichen Arbeiter unzufrieden zu machen. Ist das erreicht, dann hat diese gefährliche Partei gewöhnlich gewonnenes Spiel. Das geplante, die Industrie und Landwirthschaft bedrohende Gesetz würde demnach in dieser Richtung den Socialdemokraten geradezu in die Hände arbeiten."

Die vortheilhaften Wirkungen des Rübenbaues sind nun allerdings sowohl den Verfassern der Begründung als dem Herrn Reichsschatzsekretär nicht fremd geblieben. So wird auf S. 27 der Motive bemerkt, dass die Landwirthschaft durch den Rübenbau „zur Tiefkultur und besseren Düngung und Bestellung des Ackers gezwungen wurde, durch welche der Kulturzustand der Rübenwirthschaften dauernd gehoben ist." Aehnlich äusserte sich in der Sitzung vom 12. Dezember Herr v. Maltzahn. Man mag zugeben, dass die Erkenntniss von der Nützlichkeit der tiefen Beackerung und guten Düngung den Landwirthen als „dauernder" Gewinn verbleiben wird; dennoch aber zeigt dieses „dauernd", dass ein höchst einfaches Verhältniss völlig unverstanden geblieben ist. Der landwirthschaftliche Vortheil aus den Nachfrüchten der Rübe, die Möglichkeit, die Ackerkultur des vorhandenen Bodens weiter auszudehnen — und das sind die hauptsächlichen Vortheile der Zuckerrübenkultur — bestehen nur neben und auf Grund des Rübenbaues, stehen mit diesem in äusserem Zusammenhang, sind also da zu finden, wo es Rübenbau giebt, nicht aber, wie die Herren Vertreter der Reichsregierung glauben, auch da, wo es einmal Rübenbau gegeben hat. Man wolle also die Landwirthschaft nicht glauben machen, dass sie sich für alle Zeiten der durch die Rübenkultur gewonnenen Entwickelungsstufe erfreuen wird, auch wenn die Rübe selbst von ihrer heutigen Bedeutung zurücktritt, sondern sobald der Rückgang beginnt und in dem Grade, wie er sich vollzieht, sinkt die Landwirthschaft der Rübenländer von der Höhe herab, auf der sie sich derzeit befindet.

Soweit über die Wirkungen der Produktionsbeschränkung

auf die Rübenländer selbst. Aber eine Schädigung, welche diesen erwächst, greift über sie weit hinaus und wird sich auch in der Wirthschaft anderer Gegenden fühlbar machen. Es ward schon erwähnt, dass mit einer Verminderung des Rübenbaues die Kartoffel wieder mehr zur Geltung kommen wird. Hierdurch aber werden die Gegenden mit geringeren Böden, die jetzt vorzugsweise den Kartoffelbau betreiben, eine schwere Schädigung erleiden, indem ihnen in der Frucht, auf welche sie angewiesen sind, eine gefährliche Konkurrenz erwächst, deren Folgen sich umsomehr fühlbar machen werden, als diesen Gegenden durch das letzte Branntweinsteuergesetz und das Darniederliegen der Kartoffelstärkeindustrie der Kartoffelbau ohnehin schon wenig lohnend geworden ist.

Namentlich aber werden die Viehzüchter ausserhalb der Rübenländer und besonders in Bayern in Mitleidenschaft gezogen werden. Wir wissen, dass der Viehbedarf der Rübenwirthschaften ein ausserordentlich grosser ist, und dass die der Provinz Sachsen alljährlich für 8—10 Mill. Mk. junger Ochsen aus Bayern und eine beträchtliche Menge von Hammeln aus Pommern und Mecklenburg beziehen.

Man bedenke ferner die vielen und schwerwiegenden Fortschritte, die man auf agrikulturchemischem und pflanzenphysiologischem Gebiete den aus der hochentwickelten Landwirthschaft der Rübenländer und namentlich aus der Rübenkultur selbst hervorgehenden Anregungen verdankt. Wird sie lahmgelegt, so wird manche Frage auf diesem Gebiete um Vieles langsamer oder gar nicht der praktischen Lösung zugeführt werden. Andere Länder, z. B. Frankreich, werden uns dann nicht allein in der Rübenkultur, sondern überhaupt in der landwirthschaftlichen Technik vorauseilen.

Wir sprachen bisher nur von der Landwirthschaft in den Zuckerdistrikten und ausserhalb derselben, aber ein Gewerbezweig, der seine Wurzeln und Arme so tief und so weit in die heimische Produktion hinein und hinaus erstreckt wie die Zuckerindustrie lässt jeden Nutzen, der ihm erwächst und jeden Schaden, der ihm zugefügt wird, auch in anderen Produktionszweigen erkennen und fühlen. Der Zuckerexporthandel sei, weil sein Verhältniss zur Zuckerindustrie als Ausfuhrgewerbe offen zu Tage liegt, nur nebenbei erwähnt. Dass in den Provinzen Sachsen, Schlesien und Hannover u. s. w. auf dem Lande und in den Städten Hunderte und Tausende von kleinen Gewerbetreibenden und Handwerkern in erster Reihe von der Rübenlandwirthschaft, von der Zuckerindustrie und von der Arbeiterbevölkerung beider ihren Unterhalt gewinnen, ist bekannt; doch mögen hier nur die Gerwerbe erwähnt sein, welche nahezu ausschliesslich von der Zuckerproduktion abhängen, sich mit ihr entwickelt haben und mit ihr steigen und fallen müssen.

Da ist vor allem der Braunkohlenbergbau in der Provinz Sachsen und den angrenzenden Gebieten, der sich in ausgesprochener Abhängigkeit von der Zuckerindustrie befindet und den ein Rückgang der ihm von den Zuckerfabriken diktirten Absatzpreise schwer treffen würde. Der Braunkohlenbergbau setzt über die Hälfte seiner Erzeugung an die Zuckerfabriken ab. Beispielsweise verkaufte die grösste Grube in der Provinz, die Concordia bei Nachterstedt 1889 von 3 109 190 hl Gesammtabsatz 1 510 315 hl an Zuckerfabriken.

Aehnlich würde durch Beschränkung des Rübenbaues die Industrie künstlicher Düngemittel benachtheiligt werden. Die deutsche Landwirthschaft bezog von dem Verkaufssyndikat der Kaliwerke nach dessen letztem Bericht i. J. 1888: 1 052 368 Mctr. und 1889: 1 503 417 Mctr. Kainit, dazu jährlich ca. 15 000 Mctr. Kalifabrikate, welche Mengen zum weitaus grössten Theil von den Rübenwirthschaften bezogen sind. Noch schwereren Verlust aber als Kohlen- und Salzbergbau möchten bei Einschränkung der Zuckerproduktion die Maschinenfabriken erleiden, welche Apparate zur Entzuckerung und zum landwirth_ schaftlichen Betrieb herstellen. Namentlich die ersteren sind auf die Zuckerindustrie begründet, sind mit deren Wachsthum gewachsen und sind bei deren Rückgang dem Untergang preisgegeben. Diese drei Industrien aber, Kalibergbau, Braunkohlenbergbau und Maschinenfabrikation, und namentlich die beiden letzteren, beschäftigen Tausende armer Arbeiter, welche die Einbussen ihrer Industrien nothwendig mittragen müssen und das Heer der Unzufriedenen vermehren werden.

Eines Gewerbezweiges muss jedoch noch besonders gedacht werden, nämlich der Seeschifffahrt und der Unterstützung, die sie aus der Zuckerindustrie zieht, nachdem wir die Wirkung derselben auf die Binnenschifffahrt bereits früher erwähnt.

Die mächtige Seeschifffahrt, glaubt man meistens, würde der Ausfall des Zuckerexportes nicht sehr schmerzlich berühren; und doch würde er, wie ein hamburger Kaufmann, Herr Brödermann, in der Versammlung der Zuckerfabrikanten am 6. Dezember 1890 zu Magdeburg ausführte, den gesammten übrigen Industrieexport und das Seetransportgewerbe in Mitleidenschaft ziehen.

Die Erhaltung des Bestandes der deutschen Rübenzuckerindustrie und ihrer Ausfuhr ist ein wichtiges Interesse der deutschen Rhederei, nicht dieser selbst wegen allein, sondern, weil sie grosser massiger Zufuhren aus dem Binnenlande, der sogenannten Bulkartikel zu einer billigen konkurrenzfähigen Verfrachtung aller übrigen Erzeugnisse dringend bedarf. England ist der grösste Verfrachter der Welt, weil es über Massenfrachtartikel hinreichend verfügt; dadurch ist es auch in die Lage gekommen, seine Industriefabrikate billig über alle Märkte zu bewegen. Deutschland aber hat nicht in gleichem Masse über diese wichtige Voraussetzung zu verfügen und was es an Stapelgütern wie dem deutschen Rübenzucker besitzt, das sollte hoch und theuer gehalten werden. Wir Hamburger, sagte Herr Brödermann, haben als Händler erst seit kurzer Zeit in den Zuckerhandel eingegriffen, indirekt aber hängen unsere Interessen schon seit langer Zeit mit dem Wohl und Wehe dieser mächtigen Industrie zusammen. Die Entwicklung der hamburger Rhederei und Verkehrseinrichtungen ist nicht zum wenigsten aufgebaut auf der Ausfuhr des deutschen Zuckers. Nachdem die Konkurrenz Amerika's, Indiens und Australiens unsern Getreideexport vermindert hatte, hat der Zucker als Bulkartikel eine hochwichtige Rolle im Befrachtungsgeschäft übernommen. Es muss behauptet werden, dass ohne den Zuckerexport die Exportfähigkeit anderer Industrieerzeugnisse Schaden leiden würde, weil viele Güter schon räumlich nicht genügen zur lohnenden Befrachtung der Schiffe. Der Zucker vereinigt beide Eigenschaften eines schätzbaren Verfrachtungsartikels, indem er Raum füllt und durch seinen hohen Werth eine entsprechende Frachtbelastung erträgt. Wenn auch nicht der gesammte Zuckerexport über Hamburg geht, so strömt an der Elbe doch der grösste Theil desselben, ca. 600 000 t, d. i. 6 Milllionen Sack, zusammen. Nach Chile gehen mit anderen Frachten Zuckerladungen in Seglern, die mit Salpeter befrachtet, wieder zurückkehren und solche Verbindungen sind ein Hauptfaktor in Hamburgs Rhederei. Was den wichtigen Export nach Amerika betrifft, so sind seit Oktober bis Anfang Dezember nach New-York und Philadelphia 60 000 t oder 600 000 Sack gegangen und neben den regelmässigen Tourdampfern der „Hansa" und „Union"-Linie, sowie der Packetfahrtgesellschaft haben damit noch 16 Extradampfer volle Ladung empfangen. Ausserdem wurden seit Oktober noch nach Kanada ca. 10 000 t verladen. Der von solchen Frachtanregungen belebten Rührigkeit der norddeutschen Rhedereien ist es zu danken, dass dieselben theilweise dem Zuckerhandel Rechnung tragend auch nach Bombay und Calcutta, nach Australien und der Levante feste Linien einrichteten, die alle im Zucker ein wichtiges Existenzmittel schätzen und mit Hülfe seiner Massenverfrachtung den anderen Gütern billige Frachtbedingungen ermöglichen. Ist es doch in dieser Beziehung gelungen, Triest, trotz seiner bevorzugten Lage, die Spitze zu bieten. Dazu mag noch erwähnt werden, dass sich Hamburgs dominirende Stellung als Salpeterhafen und Salpetermarkt nicht zum Wenigsten auf die grossen Bezüge dieses hochwichtigen Düngerartikels für den Bedarf der deutschen Zuckerindustrie stützt.

Die Befürchtungen der Hamburger wegen Verringerung und Verlust der Zuckerexporte wären unbegründet, wenn die Verfasser der Motive und Herr v. Maltzahn, sowie die Herren Barth und Witte Recht behielten. Sie sämmtlich gaben ausdrücklich die Meinung kund, dass die deutsche Rübenzucker-industrie nach Fortfall der Ausfuhrprämie in demselben Grade konkurrenzfähig bleibe wie heute. Das bestreiten wir und weisen auf die Begünstigungen hin, die den Zuckerindustrien in den anderen Zuckerexportländern, namentlich in **Frankreich** zu Theil werden, dessen Industrie mit weit höheren Prämien den Weltmarkt betritt und von der die deutsche Zuckerausfuhr ohne den Schutz der Prämien unserer Meinung und Berechnung nach unterdrückt werden muss.

Wir treffen hier den wichtigsten Punkt der ganzen Steuerfrage: **Sind die Prämien der deutschen Zuckerindustrie zur Behauptung ihrer kommerziellen Stellung unentbehrlich? Haben die Prämien der anderen Rübenzuckerländer thatsächlich die Wirkung, dass sie Deutschland auf dem Zuckerweltmarkte schädliche Konkurrenz bereiten?**

Es ist allgemein bekannt, dass das französische Steuersystem für die Zuckerindustrie eine grössere Prämie in sich schliesst als das deutsche.

Die französische Gesetzgebung nahm für 1889-90 an, dass aus 100 Mctr. Rüben 7,50 Mctr. raffinirten Zuckers gewonnen werden, die Industrie erzielte aber durchschnittlich 10,50 Mctr. Der sich ergebende Ueberschuss von durchschnittlich 3 pCt. wurde in der letzten Kampagne nur mit fr. 20 besteuert, während die Hauptsteuer fr. 60 für 1 Mctr. raffinirten Zuckers beträgt. Man erzielte also in Frankreich während des vorigen Betriebsjahres auf je 3 pCt. Ueberschuss einen Steuervortheil von fr. 40. Mit anderen Worten: auf die 75 kg (7,50 pCt.), von welchen die Staatskasse die Hauptsteuer einzog, entfielen 30 kg nur zum Theil, nämlich mit fr. 20, versteuerter Zucker; der Steuervortheil belief sich also auf $\frac{40 \times 30}{100} =$ fr. 12 für die gewonnenen 105 kg (10,50 pCt.) raffinirten Zuckers.

Die französische Prämie betrug demnach 1889-90 für 100 kg raffinirten Zuckers fr. 11,40, das ist für den Meter-

Centner Rohzucker fr. 10,26, oder Mk. 8,20; dagegen die deutche Prämie in 1889-90 bekanntlich Mk. 2,14.

Dass unsere Berechnung der französischen Prämie richtig, wird von amtlicher französischer Seite bestätigt. Ein Erlass der Generalzolldirektion vom 13. Oktober 1890 erklärt (um darnach die Steuernachlässe für den französichen Kolonialzucker zu bemessen), dass die Rübenzuckerindustrie in 1889-90 einen Fabrikationsüberschuss von 28,54 pCt. der Gesammtproduktion erzielt habe. Die Gesammtproduktion belief sich auf 7 004 094 Mctr. raffinirten Zuckers, hiervon betragen 28,54 pCt. 1 999 221 Metercentner. Auf diese entfiel ein Stenernachlass von fr. 40 pro. Mctr., also fr. 79 968 840 insgesammt, folglich pro Mctr. raffinirten Zuckers eine Prämie von $\frac{79\,968\,840}{7\,004\,094}$ = fr. 11,41. Wir haben oben fr. 11,40 angegeben.

In der gegenwärtigen Kampagne allerdings wird die französische Prämie hinter der bisherigen Höhe zurückbleiben. Nach dem Gesetz vom 5. August 1890 sind die Fabrikationsüberschüsse nicht mit fr. 20 sondern mit fr. 30 pro 100 kg zu versteuern, und ausserdem ist die Belastung auf 7,75 pCt. erhöht, d. h. es wird angenommen, dass 7,75 Mctr. raffinirten Zuckers aus 100 Mctr. Rüben gewonnen werden. Zudem hat in einigen Departements, so im du Nord die Rübenqualität von 1890 geringere Resultate geliefert als 1889 und man nimmt an, dass dort im Durchschnitt nur 9.60 Mctr. raffinirten Zuckers aus 100 Mctr. Rüben in dieser Kampagne erzielt werden. Würde diese Ausbeute den wirklichen Durchschnitt darstellen, so würde sich der Ueberschuss der französischen Zuckerindustrie berechnen auf 9,60 — 7,75 = 1,85 pCt., demnach auf $\frac{30 \times 18,50}{100}$ = fr. 5,55 für 96 kg raffinirten Zuckers oder fr. 5,77 für 100 kg raffinirten Zuckers, also auf fr. 5,20 oder Mk. 4,16 für 1 Mctr. Rohzucker.

Dieser Vortheil jedoch dünkt den französischen Interessenten zu gering und es ist ihnen gelungen, mit ihren Klagen das Ohr der Regierung zu finden, welche nun selbst Vorschläge gemacht hat, um der Industrie einen höheren Steuergewinn zufliessen zu lassen.

Nach dem Entwurf, der gegenwärtig der Budgetkommission der Deputirtenkammer zur Berathung vorliegt, will die Regierung für die laufende Kampagne das Belastungssystem fakultativ ausser Geltung setzen, d. h. sie will es in die Wahl des Fabrikanten stellen, ob er seine Produktion nach der Belastung von 7,75 pCt. mit fr. 60 und den darüber hinaus gewonnenen Zucker mit fr. 30 pro Mctr. versteuern lassen will, oder ob er (unter Beiseitelassung des Belastungssystems) 80 pCt. seiner Erzeugung mit fr. 60 und 20 pCt. mit fr. 30 pro Metercentuer versteuern lassen will.

Angenommen, dass von diesem Vorschlag Gebrauch gemacht wird, so würde sich der Steuergewinn pro Mctr. raffinirten Zuckers auf fr. 6, also auf fr. 5,40 oder Mk. 4,32 für 1 Mctr. Rohzucker beziffern.

Man wird nun wohl nicht fehlgehen mit der Voraussage, dass, falls der jetzige Entwurf Gesetz wird, die Fabrikanten mit geringerer Ausbeute von der Alternative Gebrauch machen und somit eine Prämie von Mk. 4,32 pro 100 kg Rohzucker erhalten werden, dass aber die Fabriken in Gegenden mit günstigeren Ergebnissen, welche über 9,60 pCt. Ausbeute erzielen, es beim Belastungssystem werden bewenden lassen.

Legt man als Durchschnittsausbeute für die Zuckerfabriken in weniger oder nicht geschädigten Rübendistrikten 10,00 Mctr. raff. Zuckers (gegen im Vorjahre 10,50 Mctr.) aus 100 Mctr. Rüben zu Grunde, so berechnet sich der Ueberschuss dieser Fabriken auf $10,00 - 7,75 = 2,25$ pCt., demnach auf $\frac{30 \times 22,5}{100} =$ fr. 6,75 für 100 kg raff. Zuckers, mithin auf fr. 6,08 oder **Mk. 4,86 auf 1 Mctr. Rohzucker.**

Auch bei uns bleibt die Ausbeute der laufenden Kampagne hinter der vorigjährigen zurück. Wir gelangen nach den amtlichen Erhebungen (vgl. Reichsanzeiger vom 23. Dezember 1890) voraussichtlich zu einer Gesammtverarbeitung von

104 653 252 Mctr. Rüben und nach dem aus der amtlichen Quelle berechneten Procentsatz der Füllmasse, wie er sich bis Ende November, wo die Ermittlungen über die Resultate des Betriebsjahres 1890-91 angestellt sind, ergeben hat, würde eine Ausbeute von 12,29 pCt., oder auf 104 653 252 Mctr. Rüben berechnet, eine Produktion von nur 12 860 000 Mctr. Rüben resultiren. Somit beliefe sich das Rübenerforderniss für 1 Mctr. Rohzucker auf 8,13 Mctr. Rüben. Dieselben werden versteuert mit (8,13 × 0,80 =) Mk. 6,50. Rückvergütet werden pro 1 Mctr. Rohzucker Mk. 8,50, demnach deutsche Prämie in 1890-91 Mk. 2,00 für 1 Mctr. Rohzucker — gegen eine französische Prämie von Mk. 4,86 bezw. Mk. 4,32 bezw. Mk. 4,16, letztere, wenn wider Erwarten die gegenwärtigen Bemühungen der französischen Zuckerinteressenten ohne Erfolg bleiben sollten. Mithin wird die französische Zuckerindustrie selbst im ungünstigsten Falle während der gegenwärtigen Kampagne eine mehr als doppelt so grosse Prämie beziehen als ihre deutsche Konkurrentin.

Aus der Beschränkung der französischen Steuergewinne durch das Gesetz vom 5. August 1890 hat man nun den Schluss gezogen, dass Frankreich willens sei, die fiskalischen Zuwendungen an die Zuckerindustrie mit der Zeit wegfallen zu lassen und glaubt, dass das deutsche Vorgehen in dieser Richtung die Franzosen zu noch entschiedeneren Schritten bestimmen werde. Wie irrig diese Meinung, zeigt sich recht deutlich, wenn man sich über die Beweggründe zu der gegenwärtig im Werke befindlichen Gesetzesnovelle klar wird. Das Gesetz vom August, allerdings geschaffen, um die übermässigen Prämien der Vorkampagnen herabzusetzen, liess absichtlich noch sehr reichliche Gewinne und würde bei einer Ausbeute von 10,50 pCt. wie im Vorjahre noch Mk. 5,65 pro Metercentner Rohzucker Prämie erbracht haben. Mit der Möglichkeit weniger guter Ernten und Ausbeuten mussten die Gesetzgeber rechnen und man sollte meinen, dass der Procentsatz der Belastung und der Steuersatz auf die Ueberschüsse aus keinem anderen Grunde nicht niedriger gesetzt worden sind, weil auch in weniger günstigen Jahren noch ein guter Gewinn für die Fabrikanten verbleiben sollte, man sollte also meinen, dass die Prämie von Mk. 4,16, die, wie wir sahen, im ungünstigsten Falle während der laufenden Kampagne aus dem Gesetz vom August entspringt, nicht gegen die Absicht desselben verstösst. Kaum aber zeigt sich, dass infolge ungünstiger Ausbeute kein höherer Steuervortheil zu erzielen sein wird, so bietet die Regierung selbst, ja der Finanzminister — denn von diesem stammt der gegenwärtige Entwurf — die Hand, um die Prämie der im August erhofften wieder näher zu bringen. Es ist also die unverkennbare Absicht der französischen Regierung, die Zuckerindustrie mit Vortheilen zu versehen, welche auch in ungünstigsten Zeiten noch weit grösser sind als die Vortheile der Konkurrenzindustrien und es erscheint gänzlich verfehlt, den Franzosen zuzutrauen, dass sie den bisher mit dem grössten Erfolg festgehaltenen Grundsatz verlassen und Deutschlands Beispiel folgen sollten. Die ausdrückliche Absicht Frankreichs beim Uebergang zur Materialbesteuerung im Jahre 1884 war, der französischen Zuckerindustrie ihre frühere Stellung auf dem Weltmarkt zurückzugewinnen und die Zuckersteuersache hat selbst in den ernstesten politischen Kreisen Frankreichs eine chauvinistische Seite, was bei jeder Kammerverhandlung in dieser Frage aufs neue hervortritt. Wurde doch das den Prämienschutz etwas reduzirende Gesetz vom August d. J. in allem Ernste „le triomphe de l'Allemagne sur la France" genannt. Die Zuckersteuergesetzgebung der Franzosen besitzt in der That eine Spitze gegen Deutschland und soll auf Kosten des deutschen Zuckers dem französischen den Absatz auf dem Weltmarkt erleichtern. Jene Absicht ist allerdings, dank dem deutschen Steuersystem und der deutschen Rührigkeit noch nicht erreicht, aber der neue Entwurf zeigt, dass man auf dem Wege dahin weiter schreiten wird.

Ob Herr Witte, der in der Reichstagssitzung vom 12. Dezember die Millionenziffern über die deutsche Prämie zum Besten gab, wohl einmal ausgerechnet hat, welche Summen Frankreich in den letzten Jahren seiner Zuckerindustrie zufliessen liess. Herr Witte hat leider nur von 1886-87 ab Ziffern für jedes Betriebsjahr im Einzelnen gegeben. Somit lassen sich die entsprechenden französischen Zahlen erst von 1886 ab den Angaben des Herrn Witte gegenüberstellen. Nach dem Bericht der Budgetkommission der Deputirtenkammer vom Sommer ds. Js. und der amtlichen Statistik im Journal officiel hat die französische Zuckerindustrie insgesammt bezogen

1886-87 . . . . . . fr. 90 779 489
1887-88 . . . . . . - 68 985 475
1888-89 . . . . . . - 58 944 813
1889-90 . . . . . . - 88 818 840

1886-1890 . . . . . fr. 307 528 617
oder Mk. 246 022 893,

nach Herrn Witte betragen die Zuwendungen an die deutsche Industrie

1886-87 . . . . . Mk. 65 504 583
1887-88 . . . . . - 62 509 066
1888-89 . . . . . - 31 769 449
1889-90 . . . . . - 36 382 746

1886-1890 . . . . Mk. 196 165 844

Mithin 246 Millionen Mark in Frankreich gegen 196 Mill. in Deutschland, wobei aber zu bedenken bleibt, dass bloss in der Phantasie des Herrn Witte diese ganzen 196 Millionen als Unterstützung aus der Reichskasse bestehen und dass nach der Arithmetik anderer Leute, so auch des Herrn Barth, nur ein Theil derselben als Prämie vom Fiskus gelten kann, während den beträchtlichen Rest der Konsum bezahlt, wohingegen die französischen 246 Millionen Mark ganz und voll aus den Kassen des Staates geliefert sind.

Mit Hülfe dieser gewaltigen Subventionen erzielte man denn auch ungemeine Erfolge.

Im Betriebsjahr 1881-82 verarbeitete man in Frankreich 66 286 780 Mctr. Rüben, in 1889-90 nur um ein Geringes mehr, nämlich 66 658 018 Mctr. Damals aber wurden aus diesem Rübenquantum 3 728 621 Mctr. Zucker, 1889-90 jedoch 7 782 326

Mctr. (in Rohzuckerwerth) gewonnen. Der Zuckergehalt der französischen Rüben und die Entzuckerungstechnik haben von Jahr zu Jahr grössere Fortschritte gemacht und sich so rasch vollzogen, dass, wenn auch die deutsche Ausbeuteziffer noch nicht ganz von der französischen erreicht ist, doch das Tempo, in welchem sich die französischen Fortschritte bisher vollzogen, jeden Zweifel über die baldige Einholung Deutschlands durch Frankreich zu Boden schlägt.

Wie Frankreich seinen Rübenböden immer höhere Zuckererträge abgewinnt, zeigen folgende, nach Angaben im Bulletin de statistique und im Journal officiel berechnete Zahlen:

Zuckertrag pro Hektar der Rübenanbaufläche

1881-82	17,10 Mctr.	1886-87	28,26 Mctr.
1882-83	17,55 -	1887-88	21,46 -
1883-84	19,64 -	1888-89	23,93 -
1884-85	18,74 -	1889-90	30,94 -
1885-86	23,09 -		

Das französische Rübenerforderniss stellte sich für 1 Mctr. Rohzucker

1881-82 auf	17,17 Mctr.	1886-87 auf	10,15 Mctr.
1882-83 -	17,89 -	1887-88 -	9,44 -
1883-84 -	16,25 -	1888-89 -	9,21 -
1884-85 -	15,02 -	1889-90 -	8,56 -
1885-86 -	11,42 -		

Herr Kommerzienrath Schoeller berechnete, wie bekannt, in der Versammlung der Zuckerfabrikanten am 10. Dezember zu Berlin, dass die französische Ausbeute heute schon die deutsche erreicht habe. Ob dies wirklich der Fall oder ob man in Frankreich 1889-90 durchschnittlich noch 61 Pfund Rüben mehr zur Darstellung eines Centners Zucker nöthig hatte als in Deutschland (8,56 Ctr. Rübenbedarf in Frankreich gegen 7,95 Ctr. in Deutschland), darüber braucht nicht gestritten zu werden. Thatsache ist, dass Frankreich unter gleichen Witterungsbedingungen heute schon nahezu dieselben Erfolge erzielt als Deutschland und die bisherige Raschheit seiner Vorwärtsbewegung garantirt ihm unter der erwähnten Voraussetzung für eine nahe Zukunft die Einholung oder Ueberholung unserer Erfolge.

Denn während unsere Ausbeute an Rohzucker von 1888-89 auf 1889-90 sich hob von 11,96 auf 12,57 pCt., stieg die Frankreichs von 10,91 auf 11,67 pCt.; während in derselben Zeit unsere Rübenverarbeitung wuchs von 78 961 830 auf 96 250 394 Mctr. d. ist um 24,42 pCt., stieg die französische von 42 229 675 auf 66 658 018 Mctr. d. i. um 57,84 pCt.; während die deutsche Zuckerproduktion zunahm von 9 788 203 bis 12 351 780 Mctr. d. i. um 26,19 pCt., hob sich die Produktion Frankreichs von 4 609 661 auf 7 782 326 Mctr. d. i. um 68,78 pCt.

Die beiderseitigen Fortschritte auf dem Weltmarkte gehen aus Folgendem hervor:

Zuckerausfuhr in Rohzuckerwerth von

	Deutschland	Frankreich
1885-86	5 003 215 Mctr.	915 806 Mctr.
1886-87	6 611 280 -	1 817 199 -
1887-88	5 462 825 -	1 508 764 -
1888-89	6 257 449 -	2 196 142 -
1889-90	7 534 832 -	4 049 476 -

Demnach stieg die deutsche Ausfuhr von 1885-86 auf 1886-87 um 32,14, die französische um 98,42 pCt., von 1886-87 auf 1887-88 sank die deutsche Produktion um 17,37, die französische um 16,98 pCt.; dann eine Steigerung hier um 14,55, dort um 45,55 pCt., endlich hier 20,41, dort 84,40 pCt. Von 1885-86 bis zur letzten Kampagne aber ist in Deutschland die Zuckerausfuhr um 55,99, hingegen in Frankreich um 342,17 pCt. gewachsen. Diesen Zahlen braucht nichts hinzugefügt zu werden.

„Aber" sagt Herr Witte, „Frankreich ist in diesem Augenblick bereits an der Grenze seiner Leistungsfähigkeit angekommen. Frankreich hat in den letzten Jahren rund 7 Mill. Doppelcentner Zucker produzirt; wesentlich mehr als dieses Quantum ist Frankreich, soweit meine Sachkenntniss über diese Verhältnisse reicht, nicht im Stande zu produziren, denn in Frankreich gedeiht die Rübe nur in einer bestimmten Anzahl von nördlichen Departements dieses Landes. Frankreich ist nicht im Stande, seinen Rübenbau in der Weise, wie wir es in Deutschland können, weiter und weiter auszudehnen. Von diesen 7 Millionen Doppelcentnern Zucker, welche Frankreich jetzt produzirt, konsumirt es augenblicklich ungefähr 5 Millionen; es bleibt also eine Ausfuhrmöglichkeit von etwa 2 Millionen Doppelcentnern übrig".

Nun fragen wir, welches Moment in der Entwicklung der französischen Zuckerindustrie soll darauf hindeuten, dass dieselbe von nun ab stagniren wird?? Im Gegentheil gehört nur ganz geringe „Sachkenntniss" dazu, um aus den bisherigen Fortschritten in der Ausbeute die Garantie zu entnehmen, dass Frankreich das was hinsichtlich der Rübengüte und der technischen Vollkommenheit der Fabriken überhaupt erreichbar ist, erreichen wird. Und was den Umfang der Produktion betrifft, braucht nur an die frühere Ausdehnung des französischen Rübenbaues erinnert zu werden. 1875 produzirte man dort 4 730 000 Mctr. Zucker bei einer Ausbeute von weniger als der Hälfte der heutigen, musste also nothwendigerweise das doppelte Areal unter Rübenkultur haben. Mag auch ein Theil desselben als untauglicher Rübenboden dauernd abzurechnen sein, so geht doch daraus hervor, dass Frankreich noch geeignete Flächen in bedeutender Ausdehnung besitzen muss, die von neuem der Zuckerrübenkultur dienstbar gemacht werden können und durch welche in Verbindung mit noch weiter steigender Ausbeute eine so erhebliche Vermehrung der französischen Erzeugung und Ausfuhr entstehen kann — dass die „Sachkenntniss" des Herrn Witte in noch bedenklicherem Lichte erscheinen wird, als jetzt schon. Dass Herrn Witte das Malheur passirt, die koloniale Produktion resp. Einfuhr Frankreichs, die zwischen 1,3 und 1,9 Mill. Mctr. jährlich schwankt und als französischer Zucker, ebenso prämiirt wie der mutterländische, dem deutschen auf dem internationalen Markte Konkurrenz bereitet, ganz zu übersehen, dass er ferner 700 000 Mctr. von der Produktion unterdrückt und 600 000 Mctr. zum Konsum hinzuphantasirt hat, wäre nicht der Erwähnung werth, wenn nicht dadurch die französische

„Ausfuhrmöglichkeit" um fast 150 pCt. gegenüber Herrn Wittes Rechnung gesteigert würde; denn 7,7 Mill. Mctr. betrug die inländische Produktion, durchschnittlich 1,6 beträgt die koloniale, 4,4 der Verbrauch, demnach bleibt (ungerechnet künftige Produktionssteigerung) eine „Ausfuhrmöglichkeit" von 4,9 und nicht von 2 Mill. Mctr., wie Herr Witte meint, an dessen obiger Ausführung also und zwar über einen der wesentlichen Punkte der Steuerfrage nichts von Bestand sich erweist, als der aufrichtige Vorbehalt, den wir oben durch den Druck hervorgehoben, und den wir recht nachdrücklich auf die ganze Witte'sche Behandlung der Steuerangelegenheit angewendet wissen möchten.

Wir müssen aber noch einen Augenblick bei Herrn Witte verweilen. Er fuhr in seiner Rede am 12. Dezember folgendermassen fort: „Ausserdem ist die Lage der Zuckerindustrie in Deutschland eine wesentlich bessere als in Frankreich; sie ist besser als vielleicht in irgend einem anderen Lande. Wir haben billigere Produktion, wir haben bessere Rüben, wir haben viel gesichertere Ernten. Dazu kommt die Art der Errichtung unserer Fabriken, der Grossgrundbesitz, welcher den Anbau der Rüben in einem ganz anderem Umfang und unter ganz anderer Sorgfalt möglich macht, als das in Frankreich der Fall ist. Mir scheint, wenn dies richtig ist, als ob damit einer der Haupteinwände gegen die Verlage beseitigt ist."

Das scheint uns auch so. Wenn man nachweist, dass die Herstellungskosten des französischen Rübenzuckers in der That um so viel höher sind als die des deutschen, dass die hohe Prämie der französischen Industrie nur einen Ausgleich bildet gegen die geringeren Produktionskosten der deutschen, und Deutschland mit seinen kleinen Prämien doch günstiger steht als Frankreich mit seinen grossen, so sind die Klagen über mächtigere und bedrohliche Konkurrenz Frankreichs ungerechtfertigt und man wird der deutschen Industrie die Prämie entziehen können, ohne ihr Wunden zu schlagen.

Gelingt es jedoch nicht, etwas Anderes zu beweisen, als dass die beiden Konkurrenten, Frankreich mit theurer Produktion und hohen Prämien und Deutschland mit billigerer Produktion und kleinen Prämien, sich gleichgewaffnet gegenüberstehen, so muss logischerweise die deutsche Prämie bleiben. Führt man aber den Nachweis, dass Frankreichs Produktion thatsächlich keine höheren oder nur wenig höhere Kosten erfordert als die deutsche, dass also die hohe Prämie Frankreichs einen Unterschied zu Gunsten seiner Zuckerindustrie und somit eine Gefahr für den deutschen Zucker bedeutet, so würde es jenseits der Grenze des Vernünftigen entfallen, die Prämie des deutschen Zuckers zu verkürzen oder zu beseitigen.

Man hat hier, wie schon erwähnt, einen der Drehpunkte der Steuerfrage vor sich, welchen denn auch die Motive, Herr v. Maltzahn und Herr Witte als solchen bezeichnen. Ihr Gedankengang ist: die Klagen der deutschen Zuckerindustrie über die Macht der französischen sind ungerechtfertigt; denn die deutsche produzirt billiger; also kann sie der Prämien entbehren.

Hierüber möge, um den Vorwurf der Parteilichkeit auszuschliessen, ein französischer Sachverständiger gehört werden. Herr Georges Dureau, Redakteur des Journal des fabricants de sucre, sagt in der Nummer dieses Blattes vom 24. Dezember gelegentlich einer Erörterung der deutschen Steuerangelegenheit Folgendes:

„Die deutsche Fabrikation hat vor der französischen mehrere entschiedene Vortheile voraus: so ist die Modernisirung der Betriebseinrichtungen bei uns jüngeren Datums und noch nicht amortisirt wie in Deutschland; die Verschmelzung des landwirthschaftlichen Interesses mit dem industriellen ist in Deutschland vollständiger durchgeführt als diesseits des Rheins und die deutschen Landwirthe können als Interessenten der Fabriken bezüglich des Rübenpreises Zugeständnisse machen, zu denen sich die unserigen nicht verstehen würden. Die deutsche Landwirthschaft ist seit langer Zeit gewöhnt an die Verwendung zuckerreichen Samens, künstlichen Düngers; ihre Erziehung in dieser Hinsicht ist vollendet und unbegründet die Befürchtung, dass hier ein Rückgang eintreten würde, wie es wahrscheinlich bei uns der Fall wäre, wenn man die Rübensteuer abschaffen wollte. Ferner ist die Leistungsfähigkeit der deutschen Zuckerfabriken im Durchschnitt grösser als die der französischen, woraus ein merklicher Unterschied in den Generalunkosten entspringt. Endlich sind die Ausbeuten in Deutschland regelmässiger und, was auch Herr Schoeller darüber denkt, höher als in Frankreich."

Diese Bemerkungen enthalten im Allgemeinen nichts Unrichtiges; man könnte höchstens erwidern, dass der deutsche Rübenbauer als Fabrikinteressent das was er am Rübenpreis einbüsst, am Fabrikgewinn zurück erhält und es füglich gleichgültig ist, kleine Rübenpreise und grosse Gewinnantheile oder das Umgekehrte zu erhalten. Auch könnte man darauf hinweisen, dass die anderen Vortheile, die das Journal Deutschland zurechnet, sich heute wohl auch in Frankreich geltend machen; denn das zeigen die bedeutenden Fortschritte der französischen Ausbeute. Aber das sind an dieser Stelle Nebensachen. Bemerkenswerth sind die Ausführungen des Franzosen weniger durch das was sie sagen, als weit mehr durch das was sie **nicht** sagen, was sie aber, wenn die Freunde der deutschen Steuervorlage Recht hätten, unter allen Umständen sagen müssten.

Mit keinem Worte geht der französische Sachverständige auf die Frage der **Produktionskosten** ein; nur nebenbei wird dem in der deutschen Zuckerindustrie mehr als in der französischen verbreiteten Grossbetrieb zugerechnet, dass er die Generalunkosten vermindere. Ganz abgesehen davon, dass das natürlich nur für die grossen Fabriken gelten kann, die lange Reihe der kleineren und kleinen aber von diesem Vortheil unberührt bleibt, sucht man vergebens in der französischen Fachzeitung den Nachweis oder nur die Behauptung, dass die Kosten der französischen Zuckererzeugung im Ganzen höher seien als die deutschen. Es handelt sich, wenn man sich nicht mit Phrasen wie „gesammte Bedingungen der Produktion und Ausfuhr" u. dgl. begnügen will, um die eigentlichen Kosten der Zuckererzeugung, also um die **Rübenpreise**, die **Kohlenpreise**, die **Arbeitslöhne** u. s. w. und wir müssen die Objektivität des über diese Dinge selbstverständlich unterrichteten französischen Kollegen anerkennend hervorheben, der es nicht über sich gewinnt, seinem besseren Wissen Zwang anzuthun und diese Kosten — und eben diese geben den Ausschlag — als geringer in Deutschland hinzustellen.

Versuchen wir es, zu ermitteln, welche Kosten einerseits die Herstellung eines Metercentners französischen Rübenzuckers und andrerseits die eines Metercentners deutschen Rübenzuckers gegenwärtig erfordern. Wir beschränken uns dabei auf die hauptsächlichen Kosten der Zuckergewinnung, die schon genannten Posten: Rübenpreis, Kohlenpreis, Arbeitslohn. Das Juniheft 1890 des Bulletin de statistique nun verzeichnet als durchschnittlichen französischen Rübenpreis im Betriebsjahr 1888-89: fr. 27,55 pro Tonne = 220 Pfg. pro Metercentner. Für Kampagne 1889-90 ist der Durchschnittssatz noch nicht ermittelt, aber es wird kein Fehler sein, den der Vorkampagne unserer Berechnung zu Grunde zu legen. Als deutscher Rübendurchschnittspreis gilt allgemein 220 Pfg. pro Metercentner (so auch von Herrn Witte angenommen). Der Rübenbedarf für 1 Mctr. Rohzucker betrug 1889-90 in Frankreich 8,56 Mctr.: in Deutschland 7,95 Mctr. Mithin waren erforderlich an Rübenaufwand für 1 Mctr. Rohzucker

in Frankreich (220 × 8,56 =) Mk. 18,83,
in Deutschland (220 × 7,95 =) Mk. 17,49.

Als durchschnittlichen französischen Kohlenpreis für die Zuckerindustrie verzeichnet das Bulletin d. stat. fr. 2,05 = Mk. 1,64 pro Metercentner; als deutscher Kohlendurchschnittspreis sei Mk. 1,90 pro Metercentner Steinkohle angesetzt. Welche Kohlenmenge zur Gewinnung eines Metercentners Rohzuckers erforderlich, sei an der Hand des Geschäftsberichtes der Zuckerfabrik Körbisdorf für 1889-90 berechnet. Dort werden mit 1 hl Braunkohle 124,43 kg Rüben verarbeitet und wir müssen mangels weiterer Unterlagen diesen Kohlenverbrauch sowohl für Deutschland als für Frankreich gelten lassen. Man würde also in Frankreich brauchen bei einem Durchschnittssatz von 1 hl Braunkohle für 1,24 Mctr. Rüben zu

1 Mctr. Rohzucker (= 8,56 Mctr. Rüben) ein Quantum von $\left(\frac{8,56}{1,24}=\right)$ 6,9 hl Braunkohlen und da 1,33 hl Braunkohle einen Metercentner wiegen, 5,18 Mctr. Braunkohlen. Da ferner nach ihrem Heizeffekt 3 Mctr. Braunkohle 1 Mctr. Steinkohle entsprechen, beläuft sich der französische Kohlenbedarf pro Metercentner auf $\left(\frac{5,18}{3}=\right)$ 1,72 Mctr. Steinkohlen. Mithin Kohlenaufwand in Frankreich für einen Metercentner Rohzucker (1,72 × 1,64 =) Mk. 2,82.

In Deutschland brauchte man für 1 Meterctr. Rohzucker (= 7,95 Mctr. Rüben) ein Quantum von $\left(\frac{7,95}{1,24}=\right)$ 6,4 hl = 4,81 Mctr. Braunkohlen = 1,60 Mctr. Steinkohlen.

Mithin Kohlenaufwand in Deutschland für 1 Mctr. Rohzucker (1,60 × 1,90 =) Mk. 3,04.

Was die Arbeitslöhne anlangt, so giebt das Bulletin de stat. als den Durchschnittslohn eines französischen männlichen Zuckerfabrikarbeiters pro Tag fr. 3,69 = Mk. 2,95 an; der deutsche Durchschnitt dürfte, wie wir verschiedenen Handelskammerberichten entnehmen, bei Mk. 2,30 liegen. Aus dem Körbisdorfer Bericht ersieht man, dass 14,66 Pfg. an Arbeitslohn auf 1 Mctr. Rüben entfallen, d. i. der der 15,62. Theil des deutschen männlichen Durchschnittslohnes. Lassen wir dieses Verhältniss auch für Frankreich gelten, so erforderte dort 1 Mctr. Rüben $\left(\frac{2,96}{15,62}=\right)$ Pfg. 18,98 Arbeitslohn, demnach Lohnaufwand für 1 Mctr. Rohzucker in Frankreich (18,98 × 8,56 =) Mk. 1,62.

Lohnaufwand für 1 Mctr. Rohzucker in Deutschland (14,66 × 7,95 =) Mk. 1,16.

Rekapitulation.
1889/90.

Kosten für	Frankreich	Deutschland
Rüben	Mk. 18,83	Mk. 17,49
Kohlen	- 2,82	- 3,04
Löhne	- 1,62	- 1,16

Hauptkosten für 1 Mctr.

Rohzucker   Mk 23,27   Mk. 21,69

In Bezug auf die hauptsächlichsten Herstellungskosten war also in der Kampagne 1889/90 die deutsche Zuckerindustrie ihrer französischen Konkurrentin überlegen um (23,27—21,69 =) Mk. 1,58 pro Mctr. Rohzucker.

Bezüglich der Prämie war die französische Industrie der deutschen überlegen um (8,20- 2,14 =) Mk. 6,06; demnach hatte die französische im Durchschnitt einen Vortheil von (6,06—1,58 =) Mk. 4,48 pro Mctr. Rohzucker auf dem Weltmarkt.

In der gegenwärtigen Kampagne ändert sich das Bild infolge der geringeren Ausbeute in Deutschland und der noch geringeren in Frankreich und infolge der schon erwähnten Prämienverkürzung, die für die französische Zuckerindustrie inzwischen durch die Gesetzgebung eingetreten ist bezw. eintreten wird.

Nach den gegen Ende Dezember im Journal officiel und im Reichsanzeiger veröffentlichten amtlichen Ermittelungen lässt sich für Frankreich (mit 64 927 378 Mctr. voraussichtlicher Rübenverarbeitung und 6 856 330 Mctr. Produktion in Rohzucker) ein Rübenerforderniss von 9,46 Mctr. pro Mctr. Rohzucker und für Deutschland (mit 104 653 252 Mctr. voraussichtlicher Rübenverarbeitung und 12 860 000 Mctr. Produktion in Rohzucker) ein Rübenerforderniss von 8,13 Mctr. pro Mctr. Rohzucker für die Kampagne 1890/91 berechnen.

Mithin beträgt nach den obigen Rübenpreisen der Rübenaufwand für 1 Mctr. Rohzucker
in Frankreich (220 × 9,46 =) Mk. 20,81,
in Deutschland (220 × 8,13 =) Mk. 18,69.

Der französische Kohlenbedarf berechnet sich auf $\left(\frac{9,46}{1,24} = \right)$ 7,6 hl = 5,71 Mctr. Braunkohlen = 1,90 Mctr. Steinkohlen.

Demnach Kohlenaufwand in Frankreich für 1 Mctr. Rohzucker (1,90 × 1,64 =) Mk. 3,11.

Der deutsche beläuft sich auf $\left(\frac{8,13}{1,24} = \right)$ 6,5 hl = 4,88 Mctr. Braunkohlen = 1,62 Mctr. Steinkohlen.

Demnach Kohlenaufwand in Deutschland für 1 Mctr. Rohzucker (1,62 × 1,90 =) Mk. 3,07.

Endlich stellt sich der Lohnaufwand für 1 Mctr. Rohzucker

in Frankreich auf (18,98 × 9,46 =) Mk. 1,79,
in Deutschland auf (14,66 × 8,13) Mk. 1,19.

Rekapitulation.
1890 91.

Kosten für	Frankreich	Deutschland
Rüben	Mk. 20,81	Mk. 18,69
Kohlen	- 3,11	- 3,07
Löhne	- 1,79	- 1,19
Hauptkosten für 1 Mctr. Rohzucker	Mk. 25,71	Mk. 22,95

Im Betriebsjahr 1890 91 ergiebt sich also für die deutsche Industrie ein Vortheil von (25,71 – 22,95 =) Mk. 2,76 pro Mctr. Rohzucker.

Die deutsche Prämie dieser Kampagne ermittelten wir oben schon auf Mk. 2, die französische Prämie wird sich zwischen Mk. 4,86, Mk. 4,32 und Mk. 4,16 (s. oben) bewegen. Nehmen wir an, dass die Mehrzahl der französischen Fabriken die Prämie von Mk. 4,86 erlangen wird, so steht dem deutschen Vortheil in den Produktionskosten von Mk. 2,76, ein französischer Prämienvortheil von (4,86—2,00 =) Mk. 2,86 gegenüber, demnach verbleibt für Frankreich ein Vorsprung um durchschnittlich (2.86—2.76 =) Mk. 0.10 für 1 Mctr. Rohzucker auf den Weltmarkt.

Man wird uns jedoch mit Recht einwenden, dass wir die diesjährige Produktion und demnach Ausbeute Frankreichs zu gering angenommen und dass sich somit der Vorsprung der französischen Zuckerindustrie jedenfalls grösser herausstellen wird; wir haben aber absichtlich nicht die höheren Ziffern der deutschen Fachblätter, sondern die Berechnung des Bulletin des Halles zum Ausgang genommen, um dem Vorwurf künstlicher Berechnungen vorzubeugen und bemerken nur nachträglich, dass das Bulletin des Halles zu den Blättern gehört, welche gegenwärtig eine Steuergesetznovelle zu Gunsten der Industrie erstreben, denen also nicht daran gelegen sein kann, Produktion und Ausbeute hoch hinzustellen.

Ausserdem muss bedacht werden, dass es für den deutschen Zuckerfabrikanten noch eine erhebliche Last giebt, die steigernd auf die Arbeitslöhne einwirkt, nämlich die Ausgaben für die verschiedenen Zweige der Arbeiterversicherung, namentlich die jetzt hinzutretende Invalidenversorgung, die in der französischen Industrie kein Gegenstück hat und dass die Frachten für den französischen Zucker niedriger sind als diejenigen für den deutschen, alles Umstände, welche das Bild verschieben, sodass, selbst wenn die Prämie in Frankreich die Höhe von Mk. 4,86 nicht erreichen sollte, immer noch ein Vortheil für unsere Konkurrenten verbleiben muss.

Bringt aber die Industrie Frankreichs, obzwar bei etwas höheren Produktionskosten, mit Hülfe ihrer weit reichlicheren Prämien selbst in ungünstigen Jahren billigeren Zucker an den Markt, so erwächst uns eine vernichtende Konkurrenz in Jahren, wo die Güte des Entzuckerungsmaterials hinter dem unseren nicht zurücksteht, und selbst dann, wenn die französische Steuergesetzgebung nicht mehr zu Gunsten der Industrie geändert wird, zumal nach der Absicht der Regierung (in dem Entwurf der jetzt eingebrachten Novelle) die gesetzmässige Durchschnitssausbeute (die Belastung) auch für die Zukunft 7,75 pCt. betragen und nicht etwa erhöht werden soll, wie es bisher von Jahr zu Jahr geschehen ist.

Für die Zukunft werden wir also, auch wenn wir von der französischen Zuckerproduktion keine höhere Ausbeute erwarten als in der vergangenen Kampagne, mit einer französischen Prämie von Mk. 5,65 zu rechnen haben. Nehmen wir an, dass auch die deutsche Industrie bei den Resultaten von 1889-90 verbleibt und nach dem vorliegenden Gesetzentwurf in der Uebergangszeit eine Prämie von Mk. 1 bekommt, so vermindert Frankreich (nach der obigen Rechnung) die Hauptkosten für seinen Zucker auf (23,27 — 5,65 =) Mk. 17,62, Deutschland auf (21,69 — 1 =) Mk. 20,69; Frankreich hat sonach einen Vorsprung um (20,69 — 17,62 =) Mk. 3,07. Ist auch die Uebergangszeit verflossen, so steht Frankreich um Mk. 4,07 günstiger auf dem Weltmarkt als Deutschland.

Als Frankreich zur Materialsteuer überging, wurden zur Veranschaulichung der angeblich übermächtigen deutschen Konkurrenz gelegentlich der vorausgegangenen Enquete von französischer Seite Berechnungen aufgestellt, welche die Herstellungskosten des französischen Zuckers erheblich höher als die des deutschen erscheinen liessen. Von deutscher Seite wurde ihnen entgegengehalten: „Sowie man in Frankreich eine gleich zuckerreiche Rübe erzielt wie in Deutschland, und dem steht nach den bestimmten, in der Enquete wie bei den Verhandlungen gemachten Aussagen sehr sachverständiger Personen weder Boden noch Klima noch sonst etwas entgegen, wird man in Frankreich zu demselben Preise den Centner Zucker herstellen wie in Deutschland; den Unterschied bilden dann nur noch die Prämien!" Genau so, wie hier vorausgesagt, setzte nach der Aenderung des Steuersystems die Entwickelung in Frankreich ein, war im vergangenen Betriebsjahr nahe daran, sich zu vollenden, wurde in diesem Jahre unterbrochen, wird sich aber fortsetzen und abschliessen, sobald die Qualität des Rohmaterials hieben wie drüben die gleiche sein wird.

Der Beweisgrund der theueren Produktion Frankreichs mag einmal Geltung gehabt haben, heute nicht mehr. Die Herren Witte und Barth jedoch, die mit Vorliebe das Mumienhafte verehren, verwenden auch dieses ehrwürdige Stück aus dem Inventar ihrer „Sachkenntniss" von der Zuckersteuer, so oft sie die Gelegenheit erfassen können, unbekümmert darum, dass ihr Argument veraltet und haltlos geworden ist. Ueberzeugt allerdings scheint Herr Witte in der Sitzung vom 12. d. M. von dem Gewicht seines Trumpfes gewesen zu sein; andernfalls durfte er nicht so grossen Nachdruck darauf legen, dass in der Produktionskostenfrage einer der Kernpunkte der ganzen Steuerfrage liegt. Denn haben wir den Nachweis erbracht, dass Herr Witte bei diesem Punkt im Irrthum befangen ist, so ist „einer der Haupteinwände gegen die Vorlage" fundamentirt.

Wir würden aber doch einen Theil unserer Beweisführung schuldig bleiben, wenn wir nicht nachwiesen, dass die Begünstigungen, die der französiche Zucker geniesst, auch wirklich den Weltmarkt beeinflussen, dass sie die Zuckerpreise herabdrücken, sodass Deutschland mit seiner Ausfuhr zurückhalten muss, um nicht zu schwere Einbusse zu erleiden, dass das französische Angebot den deutschen Zuckerexport hemmt und schmälert.

Es giebt zwar nur einen Weg, diesen Nachweis zu führen, aber einen um so zuverlässigeren. Man wird eine Zeit zum Ausgang nehmen müssen, in welcher die Preise des tonangebenden Marktes besonders niedrig waren und wird dann zu betrachten haben, wie sich in dieser Zeit die Ausfuhr des einen und wie die des andern Landes nach eben diesem Markte gestaltet hat, und wenn auf der einen Seite eine sehr starke, auf der anderen eine sehr schwache Einfuhr ersichtlich, wird man nicht fehlgehen, zu schliessen, dass die starke Zufuhr den tiefen Preisstand hervorgerufen und den Export des anderen Landes mit der schwachen Zufuhr verhindert hat, sich zu entfalten.

Die Zeit des tiefsten Preisstandes in London während der

verflossenen Kampagne waren die Monate November, Dezember 1889 und Januar 1890. Damals war für Rübenrohzucker Basis 88 pCt. der höchste Preis 12/1½ und er ging herunter bis 11/6 für den englischen Centner.

Wie sich nun damals die Rohzuckereinfuhr von Frankreich und die von Deutschland nach Grossbritannien, verglichen mit den entsprechenden Monaten der zwei nächsten Vorjahre entwickelt hat, soll nachstehende Zusammenstellung veranschaulichen. Wir haben, um auch die Bedeutung der ebenfalls hoch prämiirten belgischen Konkurrenz zu beleuchten, auch die Rohzuckereinfuhr aus Belgien nach Grossbritannien mit verzeichnet.

Rohzuckereinfuhr nach Grossbritannien.*)

November.

Aus	1889	1888	1887	
Frankreich .	129 321	7 601	10 965	Cwts.
Belgien . . .	260 054	93 367	175 351	-
Deutschland .	128 421	360 334	561 943	Metr.

*) Die Zahlen für Frankreich und Belgien sind den Board of trade Returns, diejenigen für Deutschland den Monatsheften zur Statistik des Deutschen Reichs entnommen, da die englische Quelle den deutschen und österreichischen Import in einer Ziffer angiebt. Die deutsch-österreichische Einfuhr in den fraglichen Monaten war:

November.

1889	1888	1887	
710 362	684 324	931 608	Cwts.

Dezember.

1889	1888	1887	
433 563	851 578	979 362	Cwts.

Januar.

1890	1889	1888	
373 195	669 846	376 939	Cwts.

Dezember.

	1889	1888	1887	
Frankreich . .	294 051	13 565	7 955	Cwts.
Belgien . . .	237 777	109 543	244 514	-
Deutschland . .	236 879	449 161	555 927	Mctr.

Januar.

	1890	1889	1888	
Frankreich . .	205 266	18 431	1 005	Cwts.
Belgien . . .	119 259	92 340	80 983	-
Deutschland . .	269 812	131 002	153 765	Mctr.

Auf den ersten Blick zeigt sich, dass in dieser Zeit des tiefsten Preisstandes die französischen Zufuhren ungewöhnlich gross, die deutschen ungewöhnlich klein waren. Im November 1889 lieferte Frankreich **siebzehnmal** so viel Rohzucker nach England wie im November des Vorjahres und **neunmal** so viel wie im November 1888; hingegen betrug der deutsche Import vom November **fast nur ein Drittel** des November-Imports 1888 und **weniger als ein Viertel** des November-Imports 1887. Im Dezember 1889 importirte Frankreich das **Einundzwanzigfache** der Einfuhr vom Dezember 1888 und das **Achtunddreissigfache** der Einfuhr vom Dezember 1887; Deutschlands Einfuhr ging im Vergleich zum Dezember des Vorjahres **fast auf die Hälfte** zurück und betrug viel **weniger als die Hälfte** der Dezember-Einfuhr von 1887. Erst im Januar hat sich das deutsche Geschäft etwas erholt. Aber während die deutsche Januar-Einfuhr sich gegen diejenige der Vorjahre **nur verdoppelt** bezw. **sich nicht einmal verdoppelt** hat, belief sich in derselben Zeit die französische Einfuhr auf das **Elffache** bezw. auf das **Zweihundertvierfache** der Einfuhr der Vorjahre.

Auch die Ausfuhr raffinirten Zuckers aus Frankreich nach Grossbritannien erreichte zur Zeit der niedrigsten Preise in der vergangenen Kampagne weit höhere Ziffern als in den gleichen Zeiträumen der Vorjahre. Allerdings hat auch die deutsche Einfuhr von Raffinirten im November und Januar mehr betragen als im November und Januar der Vorjahre; aber die deutsche Zunahme stand in keinem Verhältniss zur französischen, wie aus folgendem hervorgeht:

Raffinaden-Einfuhr nach Grossbritannien.

November

	1889	1888	1887
Frankreich	575 916	393 280	255 876 Cwts.
Belgien	20 563	12 597	25 327 -
Deutschland . . .	113 014	73 908	64 568 Mctr.

Dezember

	1889	1888	1887
Frankreich	436 064	372 900	111 951 Cwts.
Belgien	38 072	27 593	21 968 -
Deutschland . . .	97 451	108 581	87 308 Mctr.

Januar

	1890	1889	1888
Frankreich	408 838	139 662	78 810 Cwts.
Belgien	16 065	24 071	19 704 -
Deutschland . . .	89 367	29 889	37 044 Mctr.

Es kann nun wohl keinem Zweifel unterliegen, dass die ungewöhnlich grossen Ablieferungen französischen Zuckers nach England den niedrigen Preisstand bewirkt haben, also zu den ungewöhnlich geringen Bezügen aus Deutschland in dem Verhältniss von Ursache zu Wirkung standen; denn Deutschland besass in der kritischen Zeit nicht etwa so geringe Zuckervorräthe, dass es dem Bedarf Englands nicht wie in derselben Zeit der vorangegangenen Jahre hätte dienen können, sondern hatte gerade damals enorme Bestände, so

am 1. Novbr. 1889 gegen 1. Novbr. 1888 und 1. Novbr. 1887
3 040 293   1 891 732   2 490 000 Mctr.

am 1. Dezbr. 1889 gegen 1. Dezbr. 1888 und 1. Dezbr. 1887
5 129 630   3 519 077   4 111 000 Mctr.

am 1. Januar 1890 gegen 1. Januar 1889 und 1. Januar 1888
6 363 562   4 101 643   4 625 000 Mctr.

Es braucht nach unserer Ansicht keines weiteren Mittels, um die Meinung des Herrn Reichsschatzsekretärs und seiner Gefolgschaft, dass die Behauptung von der Gefahr aus den Begünstigungen unserer Konkurrenzindustrien eine Erfindung der Zuckerfabrikanten sei, ins rechte Licht zu rücken.

Es braucht keines weiteren Beweises, dass der prämiirte Wettbewerb anderer Länder lähmend auf die deutsche Zuckerausfuhr wirkt und unter Umständen im Stande ist, zu verhindern, dass das deutsche Zuckerexportgeschäft entsprechend der Bedeutung der deutschen Zuckerproduktion und den verfügbaren Vorräthen sich entfaltet und wenn es sogar zu einer Zeit, wo der deutsche Zucker noch selbst mit einer Prämie versehen ist, sich Schmälerungen gefallen lassen muss, so braucht man kein Prophet zu sein, um vorauszusagen, dass ein Zustand, wie ihn die Regierungsvorlage in Aussicht nimmt, eine dauernde Schwächung für unseren Zuckerexport und somit eine Nothlage und den Rückgang der Industrie mit sich führen und dass in Zukunft der deutsche Zucker höchstens in Zeiten wirklicher Zuckernoth den ausländischen Markt erreichen würde. Die aber wird nicht mehr oder nur ganz vorübergehend eintreten.

Ausser Frankreich und Belgien rüstet von unseren Konkurrenzländern namentlich Oesterreich seine Zuckerindustrie mit einer ansehnlichen Prämie aus, die zunächst in Höhe von fl. 1,60 für Rohzucker und fl. 2,3 für Raffinaden, also Mk. 2,60 bezw. 3,75, als festen Sätzen gegeben wird, aber im Ganzen den Betrag von 5 Millionen Gulden nicht überschreiten darf; so entsprang in der letzten Kampagne für Oesterreich schliesslich eine Prämie von Mk. 1,68 bezw. 2,39; auf die inländischen Verkäufe entfällt jedoch der volle Prämienbetrag. Auch Russland sendet erhebliche Mengen Zuckers nach dem Auslande, allerdings ohne dass der Staat Exporterleichtungen gewährt; um so schädlicher wirkt jedoch diese Konkurrenz durch das billige Preisangebot, welches ihr infolge künstlicher Hochhaltung des inländischen Zuckerpreises ermöglicht wird, m. a. W. den russischen Zuckerfabrikanten sichert ihr Syndikat einen sehr lohnenden Inlandspreis, sodass sie ihr Produkt nach dem Auslande verschleudern können.

Wie die günstiger situirte Konkurrenz auf den deutschen Zucker wirkt, ihn, obzwar er selbst prämiirt, unter Umständen zwingen kann, zu Hause auf Lager zu bleiben, statt im Auslande Absatz zu finden, haben wir oben zahlenmässig nachgewiesen. Herr Witte sagt aber: Wenn nun die Prämien in Deutschland fortfallen, wird die deutsche Zuckerindustrie nicht mehr in die Lage sein, den Betrag der Prämien von ihren Herstellungskosten in Abrechnung zu bringen, „und dadurch tritt mit Nothwendigkeit der Fall ein, dass der deutsche Zucker auf dem Weltmarkte selbst theurer verkauft werden muss . . . . Der Weltmarktpreis muss bei dem Fortfall der Prämie in Deutschland nothwendig steigen."

Wir mussten uns, als wir dies lasen, zunächst vergewissern, ob wir statt des stenographischen Berichts nicht etwa ein humoristisches Blatt zur Hand genommen hatten; aber es steht wirklich nicht bloss in der Zeitschrift des Herrn Barth, der „Nation", sondern auch im Reichstagsbericht S. 895. Was mag wohl in der Brust des Herrn v. Maltzahn vorgegangen sein, als er diesen unfreiwilligen Hohn auf sein Steuerprojekt vernahm? Die Prämienbeseitigung steigert laut Verkündigung der Herren Witte und Barth den Zuckerpreis, dann natürlich auch die Produktion und die „merkbare Einschränkung der Produktion" des Herrn von Maltzahn fällt ins Wasser! Im ernstesten Tone fuhr Herr Witte fort: „Das ist ganz unzweifelhaft richtig mit einer einzigen Einschränkung, nämlich der, dass das nicht der Fall zu sein brauchte, wenn eine Konkurrenz den deutschen Zucker auf dem Weltmarkte vollständig verdrängen und ersetzen könnte." Und in der „Nation", von der sich Herr Witte in diesem Falle hat befruchten lassen, hiess es: „Wenn morgen die deutsche Ausfuhrprämie fällt, so kann gar keine Rede davon sein, dass die kolossalen Quantitäten Zuckers, welche Deutschland zur Zeit an den Weltmarkt abgiebt, ohne Weiteres durch die Produktion der Konkurrenzländer ersetzt werden. Der deutsche Zucker würde vielmehr nach wie vor eine hervorragende Stelle auf dem Weltmarkt einnehmen müssen. Kann dieser dem Weltmarkt unentbehrliche Zucker nun — wegen Fortfalls der Ausfuhrprämie — nur zu erhöhten Preisen geliefert werden, so bleibt denjenigen, die sich auf dem Weltmarkt versorgen, keine andere Wahl, als diesen höheren Preis zu bezahlen." Ja, wenn morgen — aber wenn sich Herr Barth nach fünf Jahren, wo das jetzt etwa beschlossene Gesetz in Kraft treten soll, die Augen reibt und er sich den ungewohnten Einblick in eine Zuckerstatistik verschafft, wie wird sich Herr Barth dann wundern über das, was die wachsamen Konkurrenzländer inzwischen fertig gebracht, was sie besonders in den letzten fünf Jahren geleistet, über die „kolossalen Quantitäten", die nun von den Konkurrenzländern geliefert werden können. Im Vertrauen wollen wir Herrn Barth mittheilen, dass diese rührigen Konkurrenzländer sich Nachrichten darüber zu verschaffen wissen, was die deutsche Regierung und der Reichstag mit dem Zucker vornehmen, ja dass sie sogar die Reden des Herrn Barth lesen und auch ihr Vergnügen daran finden, nur in anderem Sinne als wir.

Ist es wirklich bloss Mangel an Kenntniss oder nicht vielmehr absichtliche Fälschung, wenn man verkennen will, dass heute überall, wo eine zuckerhaltige Frucht gebaut wird, das Streben nach möglichster Ausdehnung und Verbesserung der Produktion sich geltend macht. Für die Kampagne 1890-91 schon haben wir mit einer **Mehrproduktion von ca. 345 000 Tonnen** zu rechnen.*) Der Beschluss des deutschen Reichstages, dass in fünf Jahren der deutsche Zucker ohne Prämienschutz auf den Weltmarkt gehen soll, würde in den Rohr- und Rübenländern wirken wie die Befreiung von einer Fessel, für den Zuckerrohrbau würde begründete Aussicht auf grössere Rentabilität sich eröffnen und Kapitalien, die bisher infolge der stärkeren Konkurrenz des prämiirten Rübenzuckers zurückgehalten wurden, würden für die Erweiterung des Rohranbaues, vor allem aber für die

---

*) Anmerkung siehe Seite 71.

technische Vervollkommnung der Rohrentzuckerung bereit stehen. Für Frankreich insbesondere wäre die Zeit gekommen, wo es seine 1884er Gesetzgebung zur vollen Wirkung bringen könnte. Frankreich würde sich für die deutsche Liebenswürdigkeit bedanken und die Herren v. Maltzahn, Barth und Witte hohnlachend auf die Beseitigung seiner Zuckerprämien warten lassen.

Was speziell die Anstrengungen der Rohrzuckerländer betrifft, sich an der Deckung des Weltzuckerbedarfs künftig mehr als bisher zu betheiligen, darüber gab die Denkschrift des Vereins für die Rübenzuckerindustrie d. D. R. vom April 1890 einen Ueberblick, die hier passend wiederholt sei.

„Von allen Seiten, heisst es dort, häufen sich die Nachrichten, dass da, wo bisher schon Zucker erzeugt wurde, auf Vermehrung der Ernten und der Ausbeuten hingearbeitet wird, und dass da, wo noch keine Zuckerindustrie bisher bestand, ernstliche Versuche zu ihrer Einführung gemacht werden.

In Britisch-Ostindien und in den Straits Settlements wirkt die Regierung darauf hin, den Anbau des Zuckerrohrs weiter zu verbreiten und für dessen Verarbeitung die bewährten europäischen Einrichtungen und Verfahren nutzbar zu machen.

---

*) Die gesammte Zuckerproduktion von 1890-91 wird im Vergleich zu 1889 90 von uns wie folgt geschätzt (in Tonnen):

Rübenzucker	1890-91 Schätzung	1889-90 Wirkliche Produktion
Deutschland	1 290 000	1 235 000
Oesterreich	730 000	740 500
Frankreich	720 000	778 000
Belgien	170 000	175 000
Russland	520 000	430 000
Holland und andere Länder	110 000	120 000
	3 540 000	3 478 500
Rohrzucker	2 454 000	2 171 000
Gesammtproduktion	5 994 000	5 649 500

Görz schätzt die Produktion von 1890 91 auf 5 939 000, Licht auf 6 102 000, der „Prager Zuckermarkt" auf 5 886 000 t.

Klima, Bodenbeschaffenheit und die natürliche Anstelligkeit der Bevölkerung sind diesen Bestrebungen günstig.

Japan, bisher von Formosa, Südchina, Mauritius u. s. w. versorgt, macht jetzt Versuche mit dem Anbau von Zuckerrüben und deren Verarbeitung. Es ist kein Grund vorhanden, weshalb diese Versuche nicht zu einer wenigstens theilweisen Deckung des heimischen Bedarfs führen sollten.

In Java, einem der ergiebigsten Zuckerländer, arbeitete man früher nach veralteten Verfahren und unter dem Drucke von lästigen Steuern sowie von schwierigen Geldverhältnissen. Neuerdings haben die Fabrikanten nach deutschem Vorbilde sich zu einem Vereine verbunden, haben Versuchsanstalten eingerichtet, europäische Maschinen und Verfahren eingeführt und deutsche Sachverständige angestellt; der wesentlichste Theil der Abgaben ist beseitigt und die Geldverhältnisse haben sich gebessert. Der Erfolg würde ohne Zweifel bereits fühlbar geworden sein, wenn nicht die Rohrkultur unter einer Krankheit litte, für welche zur Zeit noch kein gründliches Heilmittel gefunden ist.

In Amerika bemüht sich neben den Vereinigten Staaten auch Mexico, in seinen weiten und vielfach dem Rohre zuträglichen Ländern die Zuckerindustrie mehr als bisher zu entwickeln.

Cuba verwendet immer mehr Fleiss, Verständniss und Geldmittel auf die Feldwirthschaft und den Fabrikbetrieb; seine ohnehin schon bedeutende Produktion wird sich deshalb voraussichtlich nicht unerheblich erweitern und ist jeder Konkurrenz gewachsen.

In Brasilien hat die Staatsregierung sich zu erheblichen Vergünstigungen für die Industrie, durch Zinsgarantien und dergleichen verstanden; die Zahl der dortigen Fabriken steigt, ebenso ihre Produktion, und damit zugleich die Menge des zur Ausfuhr gelangenden Zuckers.

In Argentinien hat die Regierung noch neuerdings Verträge mit einer kapitalkräftigen Gesellschaft geschlossen, kraft deren sie für das Anlagekapital einer Anzahl von Zuckerfabriken eine Zinsgarantie gewährt.

In Australien endlich begegnet man den gleichen Bestrebungen. Die englischen Kolonien suchen sich der Zufuhr fremden Zuckers zu verschliessen und der einheimischen Produktion aufzuhelfen."

Grössere Gefahr noch für den Zuckermarkt droht von den Vereinigten Staaten und der dort mit raschen Schritten sich entwickelnden Rübenkultur. Es darf jetzt als sicher gelten, dass das Stadium der Versuche abgeschlossen ist, man ist bereits zur ausgedehnten Verwerthung derselben weitergegangen und bei der Schnelligkeit, mit der in Amerika Fortschritte sich vollziehen, hat man allen Grund zu der Annahme, dass die Länder der Union fortan von Jahr zu Jahr immer kleinere Importmengen fremden Zuckers aufnehmen werden. In dem letzten Bericht des Staatschemikers Wiley wird festgestellt dass in den Staaten Kalifornien, Oregon, Washington, Dakota, Nebraska, Minnesota, Jowa, Wisconsin, Michigan, Illinois, Indiana, Ohio, New-York, New-England, New-Jersey, Delaware, Kansas, Texas und Colorado die Rübe gedeiht. Mit gutem Grund glaubt man, dass die amerikanischen Farmer gern die Rübenkultur an Stelle des unlohnend gewordenen Weizenbaues treten lassen werden. In Nebraska wird man, wie uns kürzlich ein Privatbrief meldete, in diesem Jahre 8—10 0000 Acres zum Rübenbau verwenden; häufig berichten jetzt amerikanische Zeitungen über die Projektirung von Rübenzuckerfabriken oder über bereits erfolgte Errichtung und in dem letzten Bericht des Ackerbauministers der Vereinigten Staaten an den Präsidenten heisst es:

„Untersuchungen von in verschiedenen Staaten gebauten Rüben deuten auf einen hohen Zuckergehalt und ist dadurch der entschiedene Beweis geliefert, dass sich grosse Theile des Landes zur Rübenkultur eignen. Die in Nebraska und Kansas gewonnenen praktischen Resultate ergeben die Durchführbarkeit der Zuckerfabrikation aus Rüben in den Vereinigten Staaten und ich bin der Meinung, das die Hälfte des Zuckerbedarfs des Landes bald auf diese Weise gedeckt werden wird."

Wie sagte doch Herr v. Maltzahn in der Sitzung vom 12. Dezember? „— Nicht nur in den Ländern, die schon jetzt Rüben bauen, sondern auch in den Ländern, die, wie Nordamerika, weite Gegenden haben, die zur Kultur der Rübe geeignet sind, aber noch nicht mit Rüben bestellt sind, macht sich das Streben geltend, die Kultur der Rübe einzuführen und daraus Zucker zu gewinnen. In den Zuckerrohr-, in den Sorghumländern macht sich das Bestreben geltend, die Technik zu verbessern. Dadurch wird naturgemäss das Quantum produzirten Zuckers in einigen Jahren sich sehr wesentlich vergrössern."

Wenn also selbst aus den Sorghumländern grössere Zufuhren von Zucker an den Weltmarkt zu erwarten sind, wie rasch und schlank wird Herr Barth die 6—7 Millionen Metercentner, die bisher Deutschland an den Weltmarkt abgab, von anderen Ländern aufgebracht sehen! Nein! die Betheiligung Deutschlands an der Deckung des Weltbedarfs kann künftig entbehrt werden, die Zuckerpreise werden somit nicht in die Höhe gehen.

Entzieht man also dem deutschen Zucker die Prämie, erhöht man dadurch seine Herstellungskosten, findet er keinen Ausgleich durch bessere Preise, so muss er nothgedrungen sich vom Markte fernhalten.

Herr Barth bezeichnete die Frage, ob nach Fortfall der Prämie die deutsche Zuckerindustrie vom Weltmarkt vertrieben wird, als den Angelpunkt, um den sich die ganze Diskussion dreht. Das ist sie auch. Nur würde Herr Barth, wenn er etwas tiefer in die Materie gestiegen und wenn er nicht Parteimann wäre, zu anderen Resultaten kommen.

Dass sich die beiden oft genannten Herren auf diese Weise um allen und jeden Kredit in der Angelegenheit der Zuckersteuer bringen, ist ihre Sache; unsere Sache ist es, ihre wunderlichen Gedankensprünge, aus der Luft geholten Behauptungen und im Parteiinteresse gemachten Fälschungen nach ihrem wahren Werth zu kennzeichnen.

Auch in den Motiven der Regierung ist dieser Angelpunkt der Steuerfrage behandelt. Wie, das erlasse man zu beleuchten.

Beim folgenden Punkt aber dürfen wir mit Herrn Barth

auf einen Augenblick Frieden schliessen und seine Unterstützung gegen die Behauptungen der Motive verwenden. In diesen wird, wie schon erwähnt, als ein Grund, zur Beseitigung des Materialsteuersystem der hingestellt, dass der inländische Zuckerkonsument die ganze Exportvergütung, also die Prämie mitbezahlen müsse, dass diese also den Zucker für den **einheimischen Verbrauch vertheure**.

Dem gegenüber setzte Herr Barth in der „Nation" richtig auseinander, dass die Verminderung der Produktionskosten, als welche der Bezug einer Prämie aufgefasst werden kann, den Produzenten in den Stand setzt, die Waare billiger abzugeben, als ohne Prämienbezug, dass also die Prämie auf Zucker denselben für den Weltmarkt thatsächlich verwohlfeilere und fährt fort:

„Danach würde sich die Sache für den deutschen Zuckerkonsumenten ebenfalls zur Zeit etwas günstiger stellen, als die Vorlage annimmt. Allerdings würde der Preis für jenen Zucker, den er im Inlande verzehrt, sich — den Behauptungen der Vorlage entsprechend — zusammensetzen aus der Summe des Exportpreises und der Ausfuhrprämie (natürlich neben dem Handelsgewinn, den Tranportkosten, der inländischen Steuer etc.); aber weil der Exportpreis infolge der Ausfuhrprämie künstlich herabgedrückt ist, wird entsprechend auch der Preis für den im Inlande konsumirten Zucker künstlich herabgedrückt. Könnte man annehmen, dass dieser Preisdruck genau gleich der Höhe der Ausfuhrprämie sei, so würde damit die preissteigernde Wirkung, die der Prämie an sich innewohnt, wieder paralysirt sein und die den deutschen Zuckerkonsumenten aus der Prämie erwachsende Mehrbelastung würde sich im Betriebsjahre 1889-90 auf jene 19½ Millionen Mark beschränkt haben, welche auf den wirklich ausgeführten Zucker entfallen. Nimmt man dagegen an, dass der durch die Exportprämie bewirkte künstliche Preisdruck nicht zum vollen Betrag im Exportpreise zum Ausdruck gelange, weil allerlei inkommensurable Widerstände der praktischen Wiedergabe des theoretischen Resultats entgegen standen, so würde die Paralysirung der Preissteigerung natürlich auch nur theilweise eintreten. Ich lasse es dahingestellt, ob die erstere oder diese letztere Annahme mehr Berechtigung hat; aber das Eine ist gewiss, dass die Voraussetzung der Regierungsvorlage, wonach der Exportpreis sich unabhängig von der Exportprämie gestaltet, nicht aufrecht erhalten werden kann, und dass man deshalb dem deutschen Konsum, will man ihn nach dem Fortfall der Prämie nicht stärker belasten, als er innerhalb der Periode der Prämienwirthschaft thatsächlich belastet war, nicht 31½ Millionen Mark, sondern nur eine um mehrere (bis zu zwölf) Millionen verringerte Summe, jährlich an Steuern mehr abnehmen darf."

Herr Barth erkennt also an, dass das Prämiensystem dem deutschen Zuckeresser billigen Zucker verschafft*) und vernichtet zugleich — was zu beachten — die Millionenziffern des Herrn Witte. In der That nehmen, solange die deutsche Zuckerindustrie einen grossen Theil ihrer Erzeugung zum Export bringt, die deutschen Zuckerpreise an der Verbilligung des Weltmarktspreises theil und keinem anderen Umstand als den Prämien wird es zuzuschreiben sein, dass wir 1889-90 Mk. 16,77 gegen 1869-70 Mk. 36 pro Centner 96er Zucker im Durchschnitt der Kampagne zu verzeichnen hatten. Wie sich aber in der Zeit der Verbrauchssteuer die Entwicklung der inländischen Zuckerpreise gestalten wird, hängt von der Entwicklung ab, welche die deutsche Ausfuhr künftig nehmen wird. Unsere Ueberzeugung ist es und wir haben sie oben begründet, dass Deutschland bei einseitiger Prämienaufhebung seinen Zuckerexport verlieren wird. Ist dies jedoch eingetreten, aber auch schon dann, wenn nicht mehr erheblich exportirt wird, werden die Weltzuckerpreise aufhören, für den deutschen Preis bestimmend zu sein; der deutsche Zucker, belastet mit einer Steuer von Mk. 22, wird in jedem Falle theurer sein, als heute, trotz-

---

*) In der Sitzung am 12 d. M. wusste Herr Barth von diesen günstigen Wirkungen des jetzigen Steuersystems auf den deutschen Zuckerpreis nichts zu berichten, sondern hob mit Herrn Witte nur den für die Engländer daraus entspringenden Vortheil hervor.

dem dann keine Prämie mehr vom Konsumenten mit bezahlt zu werden braucht. Während unter dem jetzigen System der deutsche Zuckerpreis variabel ist, an der Verbilligung des Weltpreises theilnimmt, wird er durch die Verbrauchsbesteuerung — das für uns allerdings feststehende Hinschwinden des Exports vorausgesetzt — sozusagen festgelegt sein. Aber dadurch wird nicht allein der Zuckerverbraucher leiden, sondern die Vertheuerung der Waare muss auch den Verbrauch verringern und für die Industrie ist neben dem Verlust der Ausfuhr ein zweiter Nachtheil durch Beschränkung des inländischen Absatzmarktes zu befürchten.

Ein Blick in die Zuckerstatistik Frankreichs, wo sich diese Verhältnisse umgekehrt entwickelt haben, wird zeigen, dass wir uns nicht im Irrthum befinden.

(Da eine nach Kampagnen aufgestellte Statistik über die Ausfuhr und den Verbrauch Frankreichs für die früheren Jahre nicht erreichbar war, sind die bezüglichen Zahlen von 1881 bis 1885 für die Kalenderjahre angegeben; die Preise beziehen sich auf die beiden Sorten „Weiss Nr. 3" und „Raffinade gute Sorte", beide unversteuert.)

Jahr bezw. Kampagne	Frankreich Ausfuhr Metercentner	Verbrauch	Verbrauch pro Kopf, kg	
1881 . . .	1 579 226	3 763 236	9,9	
1882 . . .	1 696 135	4 041 911	10,7	
1883 . . .	1 345 108	4 021 810	10,6	10,7
1884 . . .	742 585	4 246 313	11,2	
1885 . . .	1 388 331	4 219 411	11,1	
1885-86 . .	915 806	4 252 243	11,1	
1886-87 . .	1 817 199	4 633 753	12,1	
1887-88 . .	1 508 764	4 250 129	11,1	11,5
1888-89 . .	2 196 142	4 084 554	10,9	
1889-90 . .	4 049 476	4 497 834	11,9	

	Pariser Preise für	
	W. Nr. 3	R. g. S.
Kampagne	Francs	
1881-82	65,11	71,30
1882-83	60,40	66,55
1883-84	51,23	62,31
1884-85	43,37	52,56
1885-86	40,86	51,10
1886-87	32,59	40,17
1887-88	40,61	45,04
1888-89	47,17	54,29
1889-90	34,29	45,69

Daraus ersieht man, das Frankreich während der Zeit der Fabrikatsteuer (vor 1884) bedeutend höhere Preise hatte als nachher. (Selbst die starke Hochbewegung des Jahres 1889 hat den Preis nicht einmal annähernd wieder auf die frühere Höhe gebracht.) Weil wegen der geringen Ausfuhr die Verbindung mit dem Weltmarkt zu lose war, war der inländische Preis nicht gezwungen, der Richtung des internationalen zu folgen. Die französischen Zuckerfabrikanten mussten nicht wie später dem inländischen Preis den des Exportzuckers zu Grunde legen, im Inlande zu Exportpreisen verkaufen. Infolge des theueren Zuckers aber war der Einzelkonsum, wie die Zusammenstellung zeigt, geringer als später bei niedrigeren Zuckerpreisen. Dass es in Deutschland anders sein soll, wenn mit dem Fortfall der Prämie die Ausfuhr und somit die Berührung der deutschen Zuckerindustrie mit dem internationalen Markt eingeschränkt wird, muss erst noch bewiesen werden. Wir glauben, dass, wenn das Gesetz, welches jetzt im Entwurfe vorliegt, zur vollen Wirkung gekommen ist, die Zeit des billigen Zuckers in Deutschland ihr Ende erreicht haben wird.

Das Prämienopfer der Reichskasse verschafft dem deutschen Zuckeresser wohlfeilen Einkauf, wie wir sahen; das führt uns zum Schluss auf die interessante Frage: **Wie wirkt die Prämie in volkswirthschaftlicher Hinsicht?** Auch in dieser Frage möchten wir einen Angelpunkt der Steuerfrage erblicken und erklären offen: Eine Prämie als „singuläre Begünstigung", um mit Herrn v. Maltzahn zu sprechen, wäre absolut verwerflich. Zu einer Zuwendung, welche Einzelne gross und reich werden lässt, die nicht für das grosse Ganze Früchte trägt, dürfte dem Staat überhaupt die Berechtigung fehlen.

Wäre nun unsere Zuckerindustrie einer von den Gewerbezweigen, die wesentlich auf sich beruhen, nur in losem Zusammenhang mit der Gesammtwirthschaft stehen, dann würde eine fiskalische Begünstigung derselben schwer zu rechtfertigen sein. So aber ist die Produktion des Rübenzuckers einer der extensivsten Zweige, ja vielleicht unter allen der extensivste Zweig in der deutschen Wirthschaft; in ihm vereinigen sich Landwirthschaft und Industrie, er ernährt den Kohlenbergbau, die Maschinenfabrikation, die Produktion von Düngemiteln, den Zuckerhandel, auf ihn ist angewiesen das Seetransportgewerbe und eine lange Reihe von kleineren und kleinen Handwerkszweigen. Welch' enorme Summe von Sachwerthen wird durch dieses Zusammenwirken repräsentirt und welch' enorme Anzahl von Menschen wird hierdurch ernährt! Ein Vortheil, der einer solchen Industrie erwächst und ein Schaden, der ihr zugefügt wird, wird zum Vortheil oder Schaden weithinein in das ganze Gebiet dieses Interessenzusammenhanges, wie der Stein, den man ins Wasser wirft, immer weitere Kreise zieht.

In diesem Sinn haben wir die Rechtfertigung der Zuckerprämien aufgefasst, wenn sie früher vom Regierungstisch vertheidigt wurden und in diesem Sinn durfte der Reichsschatzsekretär von 1889 die Entziehung der Prämie als eine „Versündigung an den Interessen Deutschlands" bezeichnen. Weil aber der der Zuckerproduktion gewährte Prämienvortheil wie jeder Vortheil bei einem so in der Gesammtwirthschaft wurzelnden Gewerbe wieder abfliesst und sich verzweigt in hundert und tausend Kanäle, kann man mit gutem Grund die Frage stellen, ob denn überhaupt diese Begünstigung aus Staatsmitteln eine thatsächliche Ausgabe der Staatskasse bedeutet, ob nicht vielmehr in der umfassenden Befruchtung der ganzen Wirthschaft und in der Förderung des Gesammtwohlstandes, in der Hebung der Steuerkraft, die mit Hülfe dieser Unterstützung erreicht wird, ein voller Ersatz liegt für die fiskalische Ausgabe? Diese 15—18 Millionen Mark, die der Staat dem Zucker giebt, sind das Mittel, den Absatz dieses Produkts und den Anbau der Rübe zu sichern, sie helfen eine Summe von 150—180 Millionen Mark für exportirten Zucker ins Land führen und helfen der Landwirthschaft, sich auf der Höhe ihrer Entwicklung zu halten.

Die landläufige Meinung geht freilich dahin, dass die Prämie ihren Weg in die Tasche der Fabrikanten nimmt und zum Beweis dessen zeigt man auf die hohen Dividenden hin, die manche Aktienfabriken erzielen. Dass es aber bei den letzteren vor allem auf den Rübenpreis ankommt, den sie ihren das Rohmaterial liefernden Aktionären bezahlen und dass sich diese, da wo hohe Dividenden erscheinen, meist mit kleinen Rübenpreisen begnügen müssen, übersieht man in der Regel, und ferner wird übersehen, dass die hohen Gewinne der Fabriken sehr häufig erfolgreichen Spekulationen entstammen; ob diese zu billigen oder nicht, gehört nicht hierher, jedenfalls steht die Erscheinung mit der Prämie völlig ausser Zusammenhang.

Wie die Prämie der Zuckerindustrie in den Gewinnen der Fabriken zum Ausdruck kommt, mag man an den folgenden beiden Beispielen ersehen. Beide Fabriken liegen in bester Rübengegend, beide unterhalten zugleich Landwirthschaft, beide betreiben verschiedene Zweige der Zuckerfabrikation: Rübenentzuckerung, Melasseentzuckerung, die eine derselben auch Raffinerie, beide sind Grossbetriebe, mit der dadurch ermöglichten Verminderung der Generalunkosten; in beiden herrscht in jedem Betracht rationelle und sparsame Wirthschaft. Sie sind hier, soweit uns Angaben zu Gebote standen, durch eine Reihe von Jahren verfolgt, von denen man sagt, dass sie der Zuckerindustrie beträchtliche und ungerechtfertigte Gewinne erbracht hätten:

Dividenden.

	Körbisdorf	Glauzig
1881-82	12 pCt.	5 pCt.
1882-83	9½ -	8⅓ -
1883-84	11 -	5⅓ -

Dividenden.

	Körbisdorf	Glauzig
1884-85	— pCt.	2½ pCt.
1885-86	3 -	2 -
1886-87	— -	3 -
1887-88	5 -	6½ -
1888-89	5 -	7½ -
1889-90	5 -	8½ -

Wo sind die übermässigen Gewinne, von denen man spricht? Wo sind die Tausende hingekommen, die sich als reiner Steuergewinn auf die Zuckerproduktion dieser beiden Fabriken mit Feder und Papier leicht berechnen lassen? In Wirklichkeit sind sie abgeflossen nach allen den Stellen, wo mit und für die Fabriken produzirt wird, haben sich vertheilt und verästelt und den Fabriken selbst ist nur wenig davon geblieben.

Wie hier wird der Vorgang mehr oder weniger überall sich wiederholen. Vermöge ihrer ausgebreiteten und intensiven Berührung mit zahlreichen anderen Gewerben vertheilt die Zuckerindustrie ihre Prämie und fördert so das gesammte Gedeihen. Herr Barth nennt das Prämiensystem „verrückt." Dann ist auch der Bauer verrückt, der seinen Acker düngt.

Sehr richtig hat Herr v. Kardorff in der Reichstagssitzung vom 12. Dezember seinen Verstoss gegen die Regierungsvorlage damit eröffnet, dass er ihren freihändlerischen Grundgedanken aufdeckte. Denn nichts Unseligeres, nichts Verhängnissvolleres kann es unserer Meinung nach geben, als den Freihandel beim Zucker zu beginnen. Was es heisst, dem Freihandel die Macht über die nationale Zuckerproduktion zu geben, erfährt man aus einem der geschätztesten Evangelienbücher dieser Richtung, aus Wirth's „Grundzügen der Nationalökonomie" II. Bd. 3. Aufl. (1869!) S. 631, wo wörtlich Folgendes zu lesen ist: „Wie der Tabak, so ist auch der Zucker eines der zweckmässigsten Steuerobjekte. Er ist durchaus entbehrlich zur Nahrung, auch kann er durch den Honig ersetzt werden (!); die Armen können sich also über die Steuer als über eine Schmälerung ihres Lebensbedarfs nicht beschweren.

Dagegen ist er aber ein so reizendes Genussmittel, dass die Menschen sich gern sehr harte Arbeit auferlegen, um es zu erlangen. Der Zoll auf diesen Gegenstand wird der Steuerkasse daher stets einen sehr hohen Ertrag abwerfen und derselbe ist nur zu billigen. Dagegen sollte er prinzipgemäss so gestellt sein, um nicht eine unnaturwüchsige Industrie im Inlande hervorzurufen und der gesunden Industrie das Kapital zu entziehen; entweder müsste also der Zoll ein gewisses Mass beobachten oder, wo er sehr hoch ist . . . ., da sollte zweckmässigerweise die Rübenfabrikation verboten und durch hohe Steuer unmöglich gemacht sein. Denn dieses Ueberbleibsel aus der Kontinentalsperre, das wie eine Schmarotzerpflanze bloss aus der Tasche der Konsumenten lebt, muss früher oder später doch fallen, besser also früher, ehe noch ein paar Hundert solcher Fabriken entstanden sind und unseren anderen Gewerben Millionen von Kapital entzogen haben."

Die Freihandelstheoretiker nannten die Entfaltung der Rübenzuckerindustrie eine „Schwächung der Produktionskraft des Landes", behaupteten, die einheimische Zuckergewinnung störe den Handelsverkehr mit den überseeischen Ländern, verhindere den Export von Manufakten nach den Ländern des Rohrzuckers, wenn wir unseren Zuckerbedarf nicht von dorther decken.

Mittlerweile hat diese „unnaturwüchsige Industrie" eine blühende Landwirthschaft erzeugt, den Wohlstand ganzer Provinzen geweckt und gekräftigt und — o bittere Ironie! — die Seeschifffahrt reklamirt den Rübenzucker als Existenzmittel. Aber glaubt man, die Nachtreter jener Wirth, Stein etc., die jenes köstliche Programm aufgestellt, die Herren Witte, Barth und Andere können und werden es der Rübe verzeihen, dass an ihr der Feihandel blendend seine Thorheit erweisen musste? Sie, die gewohnt sind, ihre wirthschaftlichen Lehren aus Wirth's „Grundzügen" und ähnlichen Alterthumsmuseen zu beziehen, sollten nicht festhalten an dem Glauben von der „unnaturwüchsigen Industrie" und es ist vielleicht gerade diese Stelle seines Codex leise durch Herrn Barth's Gemüth gezogen, als er im Reichstag von der Wiederherstellung der „natürlichen Verhältnisse" sprach.

Die Prämienaufhebung aber wäre ja nur der erste Schritt; ist er gethan, so kommt treu dem Programm der zweite, die Aufhebung des Eingangszolles und wir werden sehen, wie lange „die absolute Konservirung des Inlandsmarktes", auf welche Herr v. Maltzahn so grosses Gewicht legt, noch Bestand hat.

Bisher hat man wohl den Herren Barth und Witte und ihren Glaubensgenossen die Neigung, sich in wirthschaftlichen Dingen um einige Dutzend Jahre zurückzuversetzen, als harmloses Vergnügen gerne gönnen dürfen; wenn man aber Arm in Arm mit solch' grotesken Wirthschaftspolitikern unsere Reichsregierung dahin wandeln und sich zum Werke rüsten sieht — der Anblick ist zu schmerzlich und erzeugt bittere Stimmung.

Und noch Eines. Im preussischen Staat sind neuerdings nahezu alle wichtigeren Gesetzgebungen von dem ausgesprochenen Streben diktirt, das Volk gegen das Umsichgreifen der Sozialdemokratie widerstandsfähig zu machen. In der Schule, in der gemeindlichen Verfassung und durch gerechte Vertheilung der Steuerlasten soll gebessert werden, um dieser Krankheit zu begegnen. Hier aber, im Reiche, ein Gesetzesprojekt, das auf eine offenbare Schädigung des Erwerbslebens in weiten Landstrichen hinsteuert, das eine Quelle der Unzufriedenheit für Tausende werden muss, des Zustandes also, welcher der ergiebigste Nährboden des Sozialismus ist. Mit Recht ist die Frage gestellt worden: Hat man denn nicht genug mit der amtlich konstatirten Wahrnehmung von dem Rückgang der Steuerfähigkeit des Ostens; soll die Gesetzgebung dahin führen, dass auch noch in anderen Landestheilen Verfall der Steuerkraft eintrete?!

Man steht vor einem Räthsel, wenn man die Beweggründe zu diesem Projekt geprüft hat, sich über dessen letzte Folgen klar geworden ist. Das bestehende Gesetz bewährt sich finanziell über Erwarten; für die Ausgaben des Reichs sind die vorhandenen Mittel hinreichend. Das geplante Gesetz aber muss Industrie und Landwirthschaft in Verfall bringen; das

Produkt selbst wird vertheuert werden; die Früchte des Umschwunges wird Frankreich ernten.

Das Reformgesetz von 1887 sollte umsomehr bestehen bleiben, als es thatsächlich den Anforderungen von jeder Seite her Genüge leistet. Es sichert dem Reiche seine Einnahmen aus dem Zucker. Es sichert der Industrie durch die Prämie ihre Stellung auf dem Weltmarkt. Es sichert ferner dem Zuckerverbraucher einen nach dem Weltmarktspreisen sich richtenden und daher voraussichtlich immer billigen Einkaufspreis. Und besteht die Gewissheit, dass die anderen Länder, welche ihren Zuckerindustrien Prämien zukommen lassen, dieselben in Wegfall bringen, so wäre aus dem jetzigen Gesetz nur die Materialsteuer zu streichen, um eine den veränderten Verhältnissen entsprechende Ordnung der Dinge zu besitzen.

Man hat auch Vorschläge gemacht, um auf dem Boden der neuen Vorlage zu einer Verständigung mit der Regierung zu gelangen und verschiedene Vereine haben dem Reichstag die Erklärung abgegeben:

„Die Reichsregierung hat seit Jahren ihre Bemühungen dahin gerichtet, die konkurrirenden Staaten zu veranlassen, die mit der Zuckerbesteuerung verbundenen Prämien fallen zu lassen. Wird dem im Reichstag eingebrachten Gesetzentwurf die Bestimmung beigefügt, dass das Gesetz unter Weglassung des Uebergangsstadiums der offenen Prämie erst dann in Kraft treten solle, wenn Frankreich und Oesterreich ebenfalls mittels Gesetzes die Ausfuhrprämien beseitigen, so würde dies der Reichsregierung eine Handhabe geben, unter dem Hinweise auf dies Gesetz mit grösserem Nachdruck die angedeuteten Bemühungen fortzusetzen."

In ähnlicher Richtung bewegt sich der Vorschlag, welchen die am 6. Dezember zu Magdeburg gefasste Resolution enthält, „die Ablehnung der Vorlage zu beschliessen und das Steuergesetz vom 9. Juli 1887 solange aufrecht zu erhalten, bis die anderen Zuckerprämien gewährenden Länder dieselben in Wegfall bringen; sollte dies indessen nicht thunlich erscheinen, dann eine offene Ausfuhrprämie in der jetzigen Höhe zu belassen und deren Aufhebung kaiserlicher Verordnung für den Zeitpunkt vorzubehalten, zu welchem die anderen Länder die Zuckerprämien beseitigen werden."

Ohne den Prämienschutz unter prämiirten Konkurrenten muss die deutsche Zuckerindustrie erliegen, das glauben wir zur Genüge bewiesen zu haben und ihr Schicksal wird davon abhängen, ob die Mehrheit des Reichstages von der Richtigkeit dieser Gründe sich überzeugen kann. Würde dieses Gewerbe nicht bestehen können in freier, prämienloser Konkurrenz, dann wäre es werth, dass es zu Grunde geht. Aber selbst der eifrigste Befürworter der Prämienbeseitigung, der verstorbene Wilh. Herbertz, dem man zugestehen wird, dass er die ganze Anhängerschaft des vorliegenden Steuerprojektes an Kenntniss der Sache weitaus überragte, schrieb nach jahrelangem Durcharbeiten der Frage in der „Vierteljahrsschrift für Volkswirthschaft" im Jahre 1888 „Deutschland kann am leichtesten zur Aufhebung der Prämien übergehen; seine Zuckerindustrie braucht die Konkurrenz anderer Länder, **falls diese ebenfalls ohne Prämien arbeiten,** nicht zu fürchten." —

Möchte der Reichstag dieses verhängnissvolle Gesetz verwerfen oder etwas gründlicher Durchdachtes an seine Stelle setzen!